渡辺弥生 / 監修
藤枝静暁・藤原健志 / 編著

対人
援助職
のための
発達心理学

公認心理師ブループリント対応

北樹出版

は じ め に

　日常生活のなかで、私たちは、基本的に助けあいながら生きています。かつ
てのように、交番の○○さん、郵便局の□□さん、という個人的な親しさは薄
くなっていても、コンビニのお兄さん、配達のお姉さんといった、誰かのお世
話になっています。その意味では、どんな仕事も「人を援助する」活動といえ
るでしょう。

　しかし、ここでは、もっとプロフェッショナルに、専門的に「援助の必要な
人を援助する」という仕事に就かれている方を対象としています。今日、さま
ざまな分野に対人援助職と呼ばれる方たちが存在しています。

　直接「人」を対象とする職種には、医師、看護師、助産師、保健師、理学療
法士、臨床心理士、学校心理士、臨床発達心理士、ソーシャルワーカー、公認
心理師、教員、学童保育指導員、カウンセラー、保育士、介護士、ホームヘル
パー、裁判官、弁護士、警察官、消防士など、枚挙にいとまがないほど多くの
職種があがるでしょう。

　間接的に人を援助している職種を考えても、薬剤師、臨床検査技師、診療放
射線技師、歯科技工士、臨床工学技士、栄養士、調理師、義肢装具士、学校事
務員、…など考えられます。考えてみますと、他の職業も、一見、援助とは関
係がないようにみえても、視野を広めて考えると、人がこの世に存在するため
に、生きていくために、詰まるところ誰かを援助するために役立っていること
がわかります。

＊人はなぜ人を「援助」するのか

　思い起こすと、私の卒業論文は、「児童における援助行動と動機について」
がテーマでした。1970年代から80年代の心理学のテーマには、人の「攻撃性」
に焦点があてられていました。他方で自分の命を賭してまでも、人が人を助け
る場合があります。いったい人はなぜ人を助けるのでしょう。

　この問いに強く興味が引かれたのです。そこからわかってきたのは、児童期

のはじめは、お菓子などの具体的な報酬をもらえることを期待して援助行動がとられる水準にとどまっていますが、しだいに、親や先生など権威のある人から、良い人と認めてもらおうと動機づけられます。やがて、ルールに従うこと自体が正の強化となり，他人の目に良く映りたいという気持ちが強くなります。そして、情けは人の為ならず、お互い様という考えが内在化し、社会システムの秩序を保とうと助けることが多くなります。最終的には、報酬を期待せず、他人を思いやる愛他行動が自発的に行われ、助けること自体が目的として機能するようになります。

＊「気持ち」があればいいわけではない

　しかし、人のために、助けること自体が喜びとなるというこの段階に誰でもが到達するわけではありません。成熟した動機をもつには、学びが必要です。また、助ける側の喜びが自分本位である場合も少なくありません。助けられる方はありがた迷惑、悪くすれば、悪い方向に人生を歩んでしまうかもしれません。また、互恵性が期待されないことも多いものです。人は素直に「助けて」とは言わない場合が少なくありませんし、本当に援助が必要な人は、感謝の気持ちを表さない、表せないかもしれません。悪態をつくだけかもしれません。そのため、援助職は、「感情労働」と呼ばれ、感情がすり減り、バーンアウトしてしまうことも問題になっています。

＊発達心理学を知る必要があるわけ

　こうしたバーンアウトを予防して、的確な援助をするためにも、発達心理学の知識は大切です。たとえば、０歳の赤ちゃんに、「はっきりミルクが欲しいと言いなさい！」と叱るでしょうか。言葉の獲得がまだの発達途中にある子どもには、「ミルクが欲しいのね、あげようね」と言葉で代理的に応答してやりながら、赤ちゃんが欲しいものを与えるでしょう。8歳の子どもが勉強につまずいていたら、「なんでわからないの！」と叱るでしょうか。メタ認知がうまくできない過渡期であるととらえて、「問題をよく読み間違えているね。落ち着いて2回読むようにしてみましょう」と、ケアレスミスをモニターして、解

決できる方法を教えてやることが期待されるでしょう。洗面所を毎朝独占してしまうティーンエイジャーに「さっさとしなさい、どんなおめかしをしても無駄よ」と言うでしょうか。「ピタッとその日のヘアが決まると気持ちいいものね」と、思春期の「想像上の観衆」（みんなに見られている気持ちが強い）の気持ちを共感してやる対応が求められたりします。

　人が発達している過程で、多くのことが質的にも量的にも変化しています。こうした変化の特徴を知っていると、人が抱える問題に驚きません。心の余裕をもつことができます。発達するからこそ、成熟するからこそ抱える葛藤が多岐にわたり、そして増えることに納得することができるでしょう。そして、その境地をおもんぱかり、どんな対応が、その時期のその人に必要な「援助」につながるかを的確に考え抜くことができるのです。

　この本では、胎生期から老年期までの生涯発達に関わる発達心理学の知識を網羅しています。「援助」を求めている人は、子どもだけではありません。人生のどの時期にいる人も援助の手を待っています。誰かを援助しようという気持ちはすばらしいことであり、まさに、必要な職業です。ただ、その気持ちが空回りして、助けるどころか、自分自身が疲れ果ててしまわないよう、そして何より援助を求めている人に、適切な援助ができるよう、ぜひ発達心理学を学んでいただきたいと思います。援助しているみなさん自身も生涯発達のどの時期にいるか、「己を知る」ことの大切さはいうまでもありません。

　最後に、援助職としてパイオニア的な仕事をされている執筆者の方々から最新の知識を含めた執筆をいただきました。わかりやすく手元に置いておきたい本になるべく、北樹出版の福田千晶さんには、丁寧にそして粘り強く編集していただきました。援助職としてもひたむきな編者のお2人とのコラボレーションは、あらためてこの本の内容の大切さを感じ入るものとなりました。

　援助職を目指される方々、すでに活躍されている方々、ボランティアを希望されている方々など、多くの方々の一助になりますことを心より願っております。

2020 年 10 月吉日　　　　　　　　　　　　　渡辺　弥生

◆◆◆目　　次◆◆◆

対人援助職のための発達心理学

対人援助職に必要な基礎知識 1

〜人の育ちを支えるために必要な学び〜

QUIZ：2017年時点における18歳未満の児童がいる世帯は、世帯全体の何割くらいだと思いますか？　①約8割　②約4割　③約2割　答えは本文中にあります。

 第1節　生涯発達心理学の視点から対人援助を行う意義

1．生涯発達心理学とは？

　人間の心身は、生きているあいだ、変化し続けます。このことを、発達心理学では**生涯発達**（lifespan development）と呼び、「受精の瞬間から死に至るまでの心身の構造や機能の変化の過程」と定義しています。将来、みなさんが、心理・看護・福祉・保育・介護・矯正などの対人援助職に就いた際には、生涯発達という視点を身につけておくことによって、援助する相手の過去、現在、未来を連続的にとらえ、より適切な援助ができるようになります。

　生涯発達心理学では、相手を理解するために、発達段階ごとの特徴を学ぶことができます。たとえば、乳児期から成人期にかけての身体や知能の発達、中年期における家族や社会とのつながり方、高齢期における幸福感や喪失感の様相などがあります。詳しい内容は、後の各章で取り上げられます。

2．少子化と超高齢化社会における援助職の存在意義

　社会で起こっているさまざまな問題に対して、公認心理師をはじめとする対人援助職の活躍が求められています。

（1）日本の人口の推移

QR1-1

　国立社会保障・人口問題研究所（2017）による1970年の日本の人口をご覧ください（QR1-1）。特徴は、先端が尖っており、下に行くにつれ、すそ野が広がっていることです。この形が、ピラミッドに似ていることから、人口ピラミッド

と名づけられました。2000年になると、日本の人口は上下が狭く、樽のような形です。2020年になると、もっともボリュームがあるのは上層部であり、土台部は細くなり、グラグラして今にも崩れそうです。この不安定な形が、今の日本の人口分布なのです。

(2) 少子化社会における課題

国民生活基礎調査（厚生労働省, 2019）によると、全世帯に占める「児童（18歳未満の未婚の者）のいる世帯」の割合は21.7%であり、1986年の調査開始以来、最低となりました。1986年の同値は46.2%でしたので、30年のあいだに半数以下になったのです。同調査によると、令和元年6月6日現在における全国の世帯総数は5,178万5千世帯でした。その内訳は、多い順に、「夫婦と未婚の子のみの世帯」が1,471万8千世帯（全世帯の28.4%）、「単独世帯」が1,490万7千世帯（同28.8%）、「夫婦のみの世帯」が1,263万9千世帯（同24.4%）となっています。つまり、一人暮らしの世帯、夫婦であるが子どもはいない世帯を合わせると半数を超えるのです。その理由は、幸福感などの価値観が多様化したこと、結婚しないという選択をする男女が増えたこと、女性の社会進出が進んだこと、などがあります。

少子化という課題に対して、2003年に少子化社会対策基本法が施行され、内閣府に少子化社会対策会議が設置されました。2004年6月に少子化社会対策大綱が、また、同年12月に子ども・子育て応援プランが少子化社会対策会議で決定されました。

> **＊さらなる学び**：下記のQRコードにアクセスして、子ども・子育て応援プランの内容を調べましょう。

少子化の進行に伴い、すでに起こっている問題は労働力の不足です。内閣府の少子化社会対策推進会議では、少子化への対応と同時に、労働力人口減少への対応が不可欠であると指摘されています。それに伴い、2019年4月に、外国人労働者の受け入れを拡大する改正出入国管理法が施行されました。

QR1-2　子ども・子育て応援プラン

外国人の増加に伴い、日本の医療、保育、教育、福祉などの現場では、あらたな問題が発生しています。たとえば、病院に来た外国人の患者が母国語しか話せないために、みずからの症状を十分に伝えられないことが問題となっています。学校の相談室でも、利用者に占める外国籍の子どもの割合が増えつつあります。ある中学校に勤めるスクールカウンセラーは、外国籍の生徒が母国語で話す相談内容を一生懸命に聞いているが、2〜3割程度しかわからない、言語以外の表情や声の調子などの情報を手がかりに、推察しながら聞いていると語っていました。今後、対人援助場面においても多様な言語、習慣、宗教、文化への対応がいっそう求められることになるでしょう。

（3）超高齢化社会における課題

令和元年簡易生命表の概況（厚生労働省，2020）によると、2019年の日本人の平均寿命は男性81.41歳、女性は87.45歳で過去最高となりました。QR1-3は内閣府（2019）による、日本の高齢化の推移と将来の推計を示しています。時間の経過とともに、日本の人口全体、および0〜14歳と15〜64歳の層（生産年齢人口）は、減少していきます。その一方で、65〜74歳と75歳以上の層（老年人口）は、増加の一途をたどっています。その結果、「65歳以上人口を15〜64歳人口で支える割合」が、徐々に減っていくことになります。1950年の割合は12.1、つまり、約12人で1人の高齢者を支えている計算でしたが、2020年のそれは2.0、つまり、2人で1人の高齢者を支える計算になっています。年金、医療費など生産年齢人口の負担は大きくなっているのです。後期高齢者医療制度では、65歳以上75歳未満を前期高齢者、75歳以上を後期高齢者と区別しています。

また、寿命の伸びと比例して、医療費、介護費、支給される年金額などの社会保障費が増大しています。2019年10月に消費税が8％から10％へと引き上げられたのは、この問題に対応するためです。また、厚生年金の支給開始年齢の引き上げも始まっています。「高年齢者等の雇用の安定等に関する法律」の一部が改正され、2013年4月から施行されました。この改正により、厚生年金の受給開始年齢は、男性は2025年4月以降から65歳になります。受給開始年齢の引き上げとともに、希望すれば65歳まで働き続けるこ

QR1-3

とが可能になりました。

　高齢者の健康維持も重要な課題です。年齢とともに、悪性新生物（ガン）、肺炎などさまざまなリスクが上昇しますが、ここでは**認知症**について紹介します。内閣府（2020）の「高齢社会白書」によると、2019年時点で、65歳以上の高齢者人口は3,589万人、総人口に占める割合（高齢化率）も28.4％となっています。この割合は、今後も増加する見込みです。また，2012年は認知症高齢者数が462万人と、65歳以上の高齢者の約7人に1人（有病率15.0％）でしたが、2025年には約5人に1人になると推計されています。

　認知症などによって介護が必要となった高齢者と同居する家族の身体的、精神的、経済的な負担も大きくなっています。たとえば、親の介護が必要な状況になり、本人（息子・娘）は、働けるし、働きたいと考えているにもかかわらず、予定よりも早期に退職せざるをえない状況が起こっています。これは介護離職と呼ばれています。また、介護する側も、される側も、ともに高齢であり、介護に疲れ果てた結果、無理心中、被介護者を殺してしまうという痛ましい事件も増えています。これは**老老介護問題**と呼ばれており、さまざまなメディアで取り上げられています。

3．対人援助職の目的と自己成長
(1) 対人援助職の目的と定義

　対人援助職である**公認心理師**、社会福祉士、介護福祉士、保育士など国家資格には、それぞれの目的、定義が定められています。公認心理師の場合は以下の通りです。

目的：この法律は、公認心理師の資格を定めて、その業務の適正を図り、もって国民の心の健康の保持増進に寄与することを目的とする。（**公認心理師法**第1条）

定義：この法律において「公認心理師」とは、第28条の登録を受け、公認心理師の名称を用いて、保健医療、福祉、教育その他の分野において、心理学に関する専門的知識及び技術をもって、次に掲げる行為を行うことを業とする者をいう。（公認心理師法第2条）

　①　心理に関する支援を要する者の心理状態の観察、その結果の分析
　②　心理に関する支援を要する者に対する、その心理に関する相談及び助言、指導そ

の他の援助

③　心理に関する支援を要する者の関係者に対する相談及び助言、指導その他の援助

④　心の健康に関する知識の普及を図るための教育及び情報の提供

　実際に、対人援助を行う際には、関係する法律を理解し順守するとともに、職業倫理に従って、遂行することが求められます。そのためには、自己研鑽が欠かせません。

（2）対人援助職としての成長

　対人援助職のいずれの資格においても、資質向上の責務が定められています。具体的には、「**生涯学習の必要性**」と「**自己研鑽、相互研鑽**」です。

　前者ですが、世の情勢に対応して、あらたな法律が制定されたり、あるいは改訂されたりします。学問分野でも新しい理論や知見が生まれています。つまり、資格を所持している、あるいは、対人援助職に就いているかぎり、学び続ける必要があるということです。

　後者の「研鑽」の意味は、学問などを深く探求することです。国家資格をもち、専門職に就いているかぎり、自分の意思で研鑽を続けることが必要です

QR1-4　公認心理
師法概要

が、自己流になってしまったり、途中で止めてしまったりするおそれがあります。そこで、相互研鑽で、仲間とともに学びを深めていくことが大切となります。職場内で勉強会が開かれていれば、そこに参加してみるとよいでしょう。あるいは、各地で行われている、有料、無料の研修会、研究会、学術学会などへ出席することも有意義です。

＊さらなる学び：上記のＱＲコードにアクセスして、公認心理師法概要を確認しましょう。

 ## 第2節　法と倫理と対人援助職との関係性

1．対人援助職が法を学び続ける意義

法と倫理の順守と心のなかの世界とは相いれないものがある、つまり、現実

社会とのバランスを保つことを意識し続けることが対人援助職に求められています。援助対象者が、対人援助職に相談をしたい、心理支援を受けたいと思うことは、憲法で保障された幸福追求権に基づいて、援助対象者が自分で決めることであり、公共の福祉に反することがないかぎり、最大限に尊重されなくてはなりません。

　援助対象者に損害を与えないように、専門家として期待される程度の注意を払い、期待される程度の専門技術をもって、面接を行う義務があると考えられます。

　物理的なものを扱う職業ではなく心理的なものを扱う職業だからといって、対人援助職は現実から浮世離れしてはいけません。たとえば、面接で深層心理を扱うにしても、援助対象者と対人援助職は依頼者と専門家という契約関係にあり、2人がいる面接室は日本という法治国家のなかにあり、たくさんの法律が存在しています。そして、法律の上位概念である倫理があります。むしろ心理的なものを扱う職業だからこそ、現実をよく知らなければなりません。対人援助職は、心理的な内界と現実生活のあいだのバランスがきわめて大切な職業なのです。

2．対人援助職と法と倫理

　倫理は人のあるべき姿、生き方に関わるのに対して、法はその一部として社会秩序の維持という点に照らしてのみ問題とされます。両者は包含関係にあり、法に反することは倫理違反となりますが、法に反していないからといって倫理に問題がないとはいえません。たとえば子どもの虐待は、明らかに非倫理的な行為ですが、児童虐待防止法の整備以前には法律に違反としていないという理由で不問に付される状況もありました。

　法制化が実現した背景には、法がなかったために権利侵害に苦しんできた多くの子どもたちの叫びとその救済・支援に心を砕いてきたさまざまな立場の支援者の地道な活動がありました。また、法は現実社会で生じている問題の後追いであり、今なお、法整備が十分でないために、権利保障がなされていない実態があることを忘れてはなりません。

3．法の効用と限界

　法の効用としては、まず法に基づけば誰もが同じ原則に立って問題解決がなされるという公正性、信頼性が担保されることがあげられます。

　離婚に伴う子どもの奪いあいで対立する父親と母親は、何をもとに親権者としての適格性を判断されるのか、不安になります。その際、法的な基準としては、養育のための諸環境、それまで子どもの面倒をみてきた状況、養育の意欲と能力、経済状況など、ある程度客観的にとらえられる事実がもとになることが提示されます。紛争当事者は、法に基づいて公正な判断がなされるという安心感を得ることで、問題解決に取り組む準備ができます。その上で、子どもの最善の幸福のために、親子の愛情とは何か、時とともに移り変わる関係性などあいまいで客観的に判断しえないことも判断できるようになります。そのプロセスを経ることで、夫婦は離婚してもかけがえのない子の未来に向けた親子関係の再構築に臨むことができます。

　しかし、法（律）には、愛や憎しみをどのようにとらえるかや、関係性や未来志向性といった千変万化するものには対処しきれないという限界があります。

4．臨床の効用と限界

　法が示す規範や強制力に対する反作用として、人は意地になりかたくなな態度をとることがあります。たとえば、男女の紛争には往々にして恨みや嫉妬がつきまとい問題解決を阻害します。そうした人の感情や人間関係に関わるアプローチに臨床による関与が求められます。

　しかし、臨床による関与にも限界があります。一義的に法に準拠することでその安定性、信頼性を担保できるのに対して、臨床的関与は多義的なため、ともすれば当事者から主観的であいまいであると批判されかねません。

5．対人援助と法

　対人援助に関わる人の多くは、「このケースでどの法律のどの条文が適用されるかがわからない」と感じているのではないでしょうか。対人援助職が援助対象者のさまざまな問題に対応する時にも、主に臨床や福祉に基づいた考え方

や技法でアプローチし、法的なことは補足的に取り入れたり、そのつど法の専門家に相談したりすればよいと思っているのではないでしょうか。

しかしその結果、援助が必要な時に適切な関係機関につなぐことができない、今後の手続きの流れが予測できず的確なアドバイスができない、などということが起こりえます。

法は、私たちのさまざまな生活の場面に関して一定の基準やルールを定めたもので、多くの場合に拘束力をもちます。拘束力をもつということは、相手に対してそのようなルールに従うように要求できることで、もしこれに反した場合には、単に関係者から非難を受けるだけでなく、離婚に伴う生活費の支払いや子どもの引き渡しなど強制的に実行されてしまうこともありえます。

対人援助者が支援の対象にしているさまざまな問題、援助対象者の悩みも、たいていはなんらかの法に関係しています。

たとえば、スクールカウンセラーが保護者から話を聞いていて、保護者の児童虐待を疑った場合、保護者の了承を得られなくても、児童相談所などに通告しなくてはならないのか否か。もし、保護者に知らせないまま虐待通告をした結果、子どもが児童相談所に保護された場合、子どもはどうなるのか。通告した者はその保護者から訴えられるのか。こういった場面を想定しても、児童虐待に関して法の定めるルールはどうなっているのか、子どもと保護者にどのような機関がどのような手続きで関わるのかをあらかじめ知っていることが必要となります。

6．夫婦関係の悪循環の事例

少し難しい話になりますが、離婚に直面した夫婦への臨床的援助の視点から、対人援助と法の問題を考えてみましょう。

妻：「私は、子どもの世話で一日中休みもないのに、あなたは仕事帰りにお酒を飲んでいい気分になって夜遅く帰ってくるだけじゃないの。夫婦がうまくいかない原因は夫にある。」

夫：「俺が毎晩夜遅くまであくせく働いているのに、子どもの世話もせずに自分だけ早くから寝ている。お前は、妻としても母親としても失格だ。夫婦がう

まくいかない原因は妻にある。」

　対人援助職が離婚に直面した夫婦に対応する場合、対立する当事者のものの見方の特徴を理解しておくことが大切です。紛争の渦中にある当事者は、例外なく「問題の原因は相手にある」といいます。

　法のものの見方は、法に基づけば誰もがどこでも同じ原則を共有できるという信頼性を私たちに与え、紛争を公正かつ合理的な解決に導きます。しかし、それだけで家族の問題を解決できるかといえば、限界があります。それ以上に重要なことは、子どもに対する愛情、将来にわたる親子関係の変化など、関係性の原点や時とともに移り変わる人間関係などをいかに見据えるかということです。

　また、法による合理的判断がいかに正義に適う正論だとしても、それが実体的な解決や実効性に結びつくとは限りません。たとえば、法が示す規範や強制力に対する反作用として、当事者は意地になりかたくなな態度をとることもあります。さらに、家族の問題や紛争には恨みや嫉妬といった根深い感情や情念がつきまとい、それが解決を阻害します。

　上記事例で双方の話を聞くと、どちらの言動も夫婦不和の原因と結果になっていて、それが関係の悪循環を起こしています。夫婦の不和の多くはどちらかに原因があるというより、夫婦の関係の悪循環が問題です。しかし、離婚紛争の渦中にある夫婦はその悪循環がみえないため、夫婦関係が歪むとその原因を相手に帰属させようとします。それがさらに関係の悪循環を強め夫婦不和の飽和点に達した時に離婚に至ってしまいます。対人援助職としては、離婚調停を申し立てる前にお互いに十分話しあうことを勧めたいものです。

　離婚に直面した夫婦への臨床的援助の要点は、どちらが悪いのかという夫婦不和の原因を突き止めてそれを指摘するのではなく、お互いに相手の視点から問題をみるように促し、両者の関係の悪循環に気づかせることです。

　対人援助職が面談場面などで親権者をどちらにするのかアドバイスをすることもあると思います。その時は、「子どもの最善の利益」が基準になるということを忘れてはなりません。簡潔にいうと、子どもの発達段階に応じた視点からみて、その子どもが何を必要としているのか、子どもが心身ともに健康に育つためには何をしてはいけないか、ということになります。

対立する両親が「子どもの最善の利益」というと、双方が「私に育てられることが子どもの最善の利益だ」と主張します。これは、双方それぞれの親の立場からみて述べているのにすぎません。両親が対立していること自体が、子どもの健全な発達を阻害している、といえます。

　上記事例の紛争解決のためには、法律に焦点をあてたアプローチと同時に、水面下にある関係の歪みに臨床的アプローチをしなければなりません。

　対人援助職には、本人が語っていることを中心に心情に流されることがありがちです。そうした弱点を補強する上で、法との共通言語として、客観的事実は何かを理解しておく必要があるのではないでしょうか。

7．自分自身を見つめるため・自分自身を守るために倫理を学ぶ

　倫理とは、人として守るべきこと、行動を律するモラルや規範のことです。倫理と法の違いの説明はとても困難です。ただ、「法は倫理の最低限」という格言があるように、たくさんある倫理のなかで、その一部だけが法になっていると考えると対人援助職の実務に溶け込みやすいかもしれません。

　いじめ被害者Aがカウンセリングを希望して来談したとします。その後、いじめ加害者Bが同じスクールカウンセラーのもとを訪れ、カウンセリングを申し込みました。この時、2人がいじめの被害者と加害者であるとわかっていたとすれば、加害者Bのカウンセリングを引き受けるべきでしょうか。何かの事情でそのことが被害者Aあるいは加害者Bにわかってしまうかもしれません。「どうしてAさん（あるいはBさん）のカウンセリングをしていることを事前に話してくれなかったの」と訴えられたらどうなるでしょう。通常は学校に1人しかカウンセラーがいませんから、こうしたケースに直面すると頭を抱えます。場合によってはお断りするかもしれないし、仮にお引き受けする場合でも「スクールカウンセラーは1人しかいないため、生徒同士でうまくいかなかった人の双方を私が担当することがあるかもしれません。その場合でも個々の話が相手に伝わることはないですからご安心ください」という話（インフォームド・コンセント）が最初に必要となります。

　学校でカウンセリングなどをしていると、援助対象者の情報を自分のなかで

どこまでとどめておくべきか、自分が所属する組織にどこまで伝えるべきかで悩まされ、ジレンマ（いわゆる困難な場面）に直面します。おそらく対人援助職なら誰もが、ジレンマにどこかで直面しているはずです。ジレンマと隣りあわせになっているのが倫理の問題です。なぜなら、ジレンマへの対応を一歩間違えると、「何をしているのかわからない」などと援助対象者から誤解され、不満・怒りなどが生じてしまうからです。

　上記のようなケースを担当すること自体がジレンマで、そのジレンマを抱えながら、援助対象者と一緒に耐え忍んでいくしかない場面もあります。逆に、ジレンマに耐え切れず、ゴールを急かされ、援助対象者とじっくりつきあう余裕がなくなり、即座に結論を導き出したり、そのジレンマを回避しようとしたりするとどうなるでしょう。

　人の心は絶対不可解ということに気がつくと、おのずから倫理的になります。人の心のわからなさを前にした時の謙虚さということ以外に、倫理性は発生しえないのです。

　援助対象者の最善の利益になることを目標にしながら、援助対象者からすると対人援助職だけがわかったようで取り残された気分になり、見捨てられた感、裏切られた感だけが沸き起こってしまいます。それがいつの間にか倫理問題にすり替わってしまうのです。

　援助対象者の秘密を意図的に漏らしてしまえば、誰もが倫理違反とすぐにわかります。しかし、実際には、とても熱心に、しかも援助対象者のことを考えて、対人援助職が善意からしたことが、何かの拍子に裏目に出たり、治療目標や治療方法が援助対象者と歩調が合わず、結果的に対人援助職の出すぎた行為として認識されてしまうこともあります。援助対象者の利益になるだろうと連携の必要性を感じ、その思いが先走りすぎたことが予想に反して、守秘の問題に抵触してしまうものもあります。

　援助対象者の真相を解明しようと土足で心のなかに踏み込み、いくら対人援助職がわかったところで、本当に援助対象者をわかったことにはなりません。援助対象者からすると、見られたくないものを見られてしまったという不満や怒りとなってしまうかもしれません。

対人援助職が苦しみに遭遇した際に心得ておかねばならないことは、物事を多面的にとらえ、事態を打開するために何が一番求められているのか、事の本質にはどういうことが隠されているのか、などともう少し深く事態を見極めることでしょう。

　倫理の問題は単に規則にあてはめ答えを出すものではありません。そして、倫理を考えることは自分自身と向きあうということです。対人援助職でいえば、わからないことを自分自身がわかっていて、さまざまな苦しみを抱える能力とそれを克服して生き延びる力こそが必要で、そのようななかでいかに自分自身を見つめることができるかが常に問われているのだと思います。

　倫理は自分を縛るものでも怖いものでもありません。その本質を理解しようとし、基本的には順守することで、援助対象者や対人援助職自身、さらには周囲の人々を守るものであることを知っておく必要があると思います。

 ## 第3節 まとめ

　以上のように、対人援助職では、社会の動向と課題に目を向け、必要な倫理と法律を知ることが不可欠です。毎日、新聞やニュースを見る習慣をつけ、時事問題を把握するとともに、興味をもった話題については、自分で調べてみて、理解を深めましょう。

（第1・3節藤枝静暁・第2節杉山雅宏）

【引 用 文 献】
国立社会保障・人口問題研究所（2017）．日本の将来推計人口
厚生労働省（2019）．令和元年国民生活基礎調査の概況
厚生労働省（2020）．令和元年簡易生命表の概況
内閣府（2019）．令和元年版高齢社会白書

【コラム 1】対人援助職と公認心理師

　「対人援助職」と聞いて、どのような職業が思い浮かぶでしょうか？　対人援助職とは、実生活で困っている人に対して専門的知識や技能を用いて援助を行う職業のことです。保健・医療領域では医師や看護師、福祉領域では社会福祉士や介護福祉士、教育領域では保育者や教師などがあてはまります。

　私は公認心理師の資格取得を目指して大学院で心理学を学びながら、学童保育や発達障害児向けの放課後等デイサービスで非常勤の指導員をしています。公認心理師も指導員も対人援助職の 1 つです。

　公認心理師は、保健・医療領域ではクリニックの心理師、福祉領域では心理療法担当職員、教育領域ではスクールカウンセラー、司法領域では心理技官、産業領域では産業カウンセラーなどとして、各領域で対人援助を行います。公認心理師は、援助を必要としている人やその周囲の人に対して相談や助言を行い、心の健康に関する情報提供や心理教育を行います。また、その人の個性発達やパーソナリティ、（認知処理能力や手指の運動機能等）を把握するために心理検査を実施することもあります。心理検査には、知能検査、発達検査、認知検査などがあり、主な知能検査として「ウェクスラー式知能検査（WPPSI-Ⅲ、WISC-Ⅳ、WAIS—Ⅳ）」、「田中ビネー知能検査Ⅴ」等、発達検査として「津守式乳幼児精神発達診断法」「新版 K 式発達検査 2001」等、認知検査として「長谷川式認知症スケール」等があります。検査の目的は診断名をつけるためだけではなく、その人に適した援助を行うためにはどのような方法がよいのか、その人がもっている力を発揮するために周囲がどうしたらよいのかを探るためでもあります。公認心理師や臨床心理士等の検査者には、検査を適切に実施し、その結果を正確に伝えるための知識や技能が求められます。

　発達心理学は公認心理師になるための必修科目です。発達心理学を学ぶことは、公認心理師として役立つことに加え、将来、保護者となった時に、子どもの年齢ごとの成長（定型発達）を把握することができ、あるいは、子どもに発達の遅れが疑われる場合には、早期に発見し支援につなげることもできます。

　このように、発達心理学は私たちが生きていく上で役立つ知識をたくさん学ぶことができる学問です。私は子どもから高齢者まで幅広い人を支えられる公認心理師になれるように、これからも発達心理学を含むさまざまな学問を学び、自己研鑽を積んでいきたいと思います。

（佐藤　友理恵）

発達心理学の基礎 2

QUIZ：人間の生涯は、たとえば子ども－成人－老人のようにいくつかの段階に区切って説明されることがあります。あなたは、人間の生涯をとらえる上で、生まれてから老いて死ぬまでをいくつの段階に分けることが適当だと思いますか？理由も含めて考えてみてください。 ❓

🌿 第 1 節　発達の基本

　「発達心理学」における「発達」は、心身両方の発達を含みます。身体の発達には、頭部から尾部（頭の方から足の方へ）、中枢部から末梢部（身体の中心の方から先の方へ）、粗大運動から微細運動（動くための全身運動から指先などを使う細かい運動）という**方向性**や、首がすわる－寝返りを打つ－ハイハイをする－歩く、のようにほとんどの人が同じ順番で機能を獲得していくという**順序性**など、多くの人間に共通する道筋が存在します（表4-2参照）。一方で、人間の身体にはそれぞれ個性、違いも存在します。つまり、発達には共通の部分とそれぞれの個性とが共存しているといえます。

　心の発達にも同様のことがいえます。それをとらえるキーワードとして、**社会化**と**個性化**があります。社会化とは、発達を通してこの世界へと適合していくことです。人間は社会的動物です。同じ社会・文化のなかでともに生きていくためには、ある程度共通の習慣や行動を身につけなくてはなりません。たとえば、3歳前後からしつけを通して社会のルールを少しずつ身につけ、7歳前後からは学校へ通い「勉強」することが求められます。

　とはいえ、われわれは社会で求められることをひたすら身につけていくだけの存在というわけでもありません。人間には一人ひとり個性があります。この個性こそが、社会を多様で豊かなものにし、個々の人生をかけがえのないものにしているのです。人間には、社会化と同時に、自分らしさを開花させる個性化も必要なのです。心理的な発達をとらえる上では、この社会化と個性化という両方の視点が必要です。

第2節　発達の諸理論

　人間の発達には、さまざまな変化の道筋が存在します。たとえば、幼少期に親との絆が形成され、思春期以降は徐々に親との結びつきの重要性が減少し、仲間との信頼関係が重視されるようになるといった対人関係の変化や、初期は自分中心の視点で考えがちですが、徐々に他者の視点で考えたり、抽象的にものごとを考えたりすることができるようになるといった認知の変化などです。これまで多くの研究者が、こうした発達の道筋を理論化してきました。たとえば、アメリカの教育学者である**ハヴィガースト**（Havighurst, R. J.）は人間の発達を6つに区分し、それぞれの段階における**発達課題**を整理しました（表2-1）。発達課題とは、人生の各段階において達成するべき重要な課題のことです。発達課題を理解することで、人間の一生を通した変化の道筋、そして各段階で人は何をすべきなのか、次の段階へ進むために何を求められているのかをとらえることができます。

　発達の理論を参照することで、人間がたどるおおよその発達的変化を理解しやすくなります。ただし、いずれの理論も、1つの理論で人間の複雑な発達のすべてを説明できるわけではありません。ですから、どの理論が「正しいか−誤っているか」という単純な見方をするのではなく、それぞれの理論の視点からどのような示唆が得られるのかを理解することが重要です。

1. 認知発達の理論：ピアジェとヴィゴツキー

　スイス出身の研究者である**ピアジェ**（Piaget, J.）は「認知の発達」を研究しました。ここでいう認知とは、論理的な思考や、他者の視点から物事を考えることなど、さまざまな思考や判断の能力のことです。

　ピアジェは、臨床面接法と呼ばれる方法を用い、子どもの認知の発達に関する膨大な研究を行いました。臨床面接法とは、子どもたちにいろいろな種類の課題を与え、その課題に取り組む様子の観察を通して、子どもがどのような思考をしているのかを解明しようとするものです。これによりピアジェは、子どもの認知は**感覚運動期**、**前操作期**、**具体的操作期**、**形式的操作期**という4つの

表 2-1 ハヴィガーストの発達課題 (Havighurst (1953) 庄司らの訳をもとに作成)

①乳児期－幼児期　誕生からほぼ6歳まで
1 歩行の学習
2 固形の食物をとることの学習
3 話すことの学習
4 排泄のしかたを学ぶこと
5 性の相違を知り、性に対する慎みを学ぶこと
6 生理的安定を得ること
7 社会や事物についての単純な概念を形成すること
8 両親や兄弟姉妹や他人に情緒的に結びつくこと
9 善悪を区別することの学習と良心を発達させること

②児童期　　　　ほぼ6歳から12歳
1 普通の遊戯に必要な身体的技能の学習
2 成長する生活体としての自己に対する健全な態度を養うこと
3 友だちと仲良くすること
4 男子として、また女子としての社会的役割を学ぶこと
5 読み・書き・計算の基礎的能力を発達させること
6 日常生活に必要な概念を発達させること
7 両親・道徳性・価値判断の尺度を発達させること
8 人格の独立性を達成すること
9 社会の諸機関や諸集団に対する社会的態度を発達させること

③青年期　　　　12歳から18歳
1 同年齢の男女との洗練された新しい交際を学ぶこと
2 男性として、また女性としての社会的役割を学ぶこと
3 自分の身体の構造を理解し、身体を有効に使うこと
4 両親や他の大人から情緒的に独立すること
5 経済的な独立について自信をもつこと
6 職業を選択し準備すること
7 結婚と家庭の準備をすること
8 市民として必要な知識と態度を発達させること
9 社会的に責任のある行動を求め、そしてそれを成し遂げること
10 行動の指針としての価値や倫理の体系を学ぶこと

④成人前期　　　　18歳から30歳
1 配偶者を選ぶこと
2 配偶者との生活を学ぶこと
3 第1子を家族に加えること
4 子どもを育てること
5 家庭を管理すること
6 職業に就くこと
7 市民的責任を負うこと
8 適した社会集団を見つけること

⑤中年期　　　　30歳から60歳くらいまで
1 大人としての市民的・社会的責任を達成すること
2 一定の経済的生活水準を築き、それを維持すること
3 10代の子どもたちが信頼できる幸福な大人になれるよう助けること
4 大人の余暇活動を充実すること
5 自分と配偶者とが人間として結びつくこと
6 中年期の生理的変化を受け入れ、それに適応すること
7 年老いた両親に適応すること

⑥成熟期　　　　60歳以降
1 肉体的な力と健康の衰退に適応すること
2 引退と収入の減少に適応すること
3 配偶者の死に適応すること
4 自分の年頃の人々と明るい親密な関係を結ぶこと
5 社会的・市民的義務を引き受けること
6 肉体的な生活を満足に送れるように準備すること

段階を経て発達すると考えました（詳細は第5章）。ただし最近では、より厳密に調べてみると、ピアジェの研究結果に反する事実も存在することが明らかになってきています。それでも、子どもの認知発達研究への貢献は非常に大きく、ピアジェは今でも認知の発達における最重要人物の1人といえます。

　ピアジェと同じ時代に活躍した旧ソビエトの発達心理学者**ヴィゴツキー**（Vygotsky, L. S.）も、ピアジェと同様に、考える、記憶する、注意するなど、子どもの**高次精神機能**の発達を研究しました。ヴィゴツキーの理論の特徴は、人間と社会との関係に注目したことです（詳細は第5章）。ヴィゴツキーは、人間の高次精神機能は社会的活動のなかで共有された活動として始まり、しだいにそれが個人内に取り入れられていくと考えました。とくに、子どもが自力でできる活動領域と、他者からの援助や協働によって達成が可能になる領域があり、その差のことを**発達の最近接領域**（zone of proximal development）と呼び、子どもの発達の伸びしろに注目したことなどが有名です。

2. 心理社会的発達の理論：フロイトとエリクソン

　精神分析の創始者である**フロイト**（Freud, S.）は、人が自分でも意識することができない感情や欲求、記憶の領域である**無意識**に注目し、人間の心のしくみやその発達・病理を理論化しました。フロイトは、人の心は**イド（エス）**、**自我**、**超自我**という3つからなると考えました。われわれ人間は生き物ですから、「ルールに従いたくない」、「嫌いな奴は排除したい」といった、欲求・衝動を少なからず有しています。しかし、人間はほかの動物とは異なり、複雑な社会・文化を発達させました。現代の社会では公の場で本能的な欲求・衝動に基づいて行動することはあまり許容されていません。そのため、「欲求を抑えなくてはいけない」「理性的な人間でなくてはいけない」と自分に言い聞かせる規範的な心ももっています。

　前者の欲求・衝動の部分を「イド」、自分に言い聞かせる規範的な心を「超自我」と呼びます。たとえばイドからは「勉強なんかほっぽらかして寝ていたい」という欲求が現れ、一方で超自我は「ちゃんと勉強をしなくてはいけない」と、指令を出します。この本能的欲求・衝動と、規範的な心という2つの

バランスをとっているのが、われわれ自身、つまり「自我」です。フロイトは、人間が生まれてから成長する過程でどのように自我・超自我を発達させるのかを理論化しました。

　フロイトの理論は、人間理解に大きな示唆を与えるものですが、一方で批判もあります。とくによく指摘されるのが、人間の中心的な欲求・衝動として性欲を強調した点です。こうした点でフロイトは、多くの非難や嫌悪の対象になりました。また後年では、フロイトの発達理論は実際の子どもの観察に基づくものではないという点も指摘されています。

　しかしながら、フロイトの理論が後の心理学・心理療法等の発展に与えた影響は非常に大きなものでした。また現在では、精神分析が精神疾患など心の問題の治療・改善に対して有効性をもつことが明らかになっています。そのためフロイトの理論は、個人のパーソナリティの発達や、精神疾患の発症のメカニズムなどを理解する上で、今でも多くの示唆をもたらす理論として存在しています。

　一方、**エリクソン**（Erikson, E. H.）は、フロイトの理論をもとに、人間の心の発達をより広い社会・環境的要因との関連のなかでとらえ直し、あらたな発達の理論を構築しました。エリクソンは、人間の発達を 8 段階に分け、それぞれの段階における課題を整理しました。詳細については後の各章においてふれられていますが、なかでも重要な概念に**アイデンティティ**があります。アイデンティティとは、「自分が何者か、どういう生き方をするのか」という問いについて、社会のなかに肯定的に位置づく形で、確信をもって応じることができている感覚のことであり、青年期には、このアイデンティティを確立することが重要であると考えられています（第 11 章参照）。

　アイデンティティは社会化・個性化の重要なキーワードといえます。しかしエリクソンの理論は、アイデンティティを確立し、1 人のおとなとして社会に出て以降の発達については若干単純化されていると指摘されることがあります。実際、アイデンティティを確立する青年期までの段階が 4 つに区分されているのに対し、成人期以降の期間は、青年期に比べてはるかに長いにもかかわらず、3 段階しかありません。そのため、成人期以降の発達については別の研

究者らによって理論が発展しており、とくに**レヴィンソン**（Levinson, D. J.）の発達段階が有名です（詳細は第 12 章）。

 ## 第 3 節　遺伝と環境

1. 遺伝と環境をめぐる議論の歴史

　実際に発達に影響を及ぼす要因にはどのようなものがあるのでしょうか。われわれは日頃から、「勉強が不得意なのは、親に似たからだ」、「小さい頃からの英才教育によって、ピアノがとても上手」など、ある人の能力や特徴を、親からの遺伝のせいにしたり、あるいは教育など環境のせいにしたりします。しかし、実際に何が遺伝など生物学的要因による影響で、何が環境的要因による影響かを解明することはとても大変な作業です。そのため、このようなトピックについては古くから多くの議論がなされてきました。なお、ここでいう環境とは、物理的環境だけではなく、その人を取り巻く、対人関係や社会構造、そしてそれによる経験すべてを指します。

　環境の重要性を主張した代表的な心理学者に**ワトソン**（Watson, J. B.）がいます。ワトソンは、アルバート坊やの**古典的条件づけ**の研究のように、誕生後に起こる経験がその人を形作ると考え、環境・学習経験の重要性を主張しました。一方、本人のもつ生物学的な要因が重要と考える立場もあります。この立場の代表者である**ゲゼル**（Gesell, A. L.）は、いくら学習の機会が与えられたとしても、子どもにとって早すぎる時期での学習は効果がないとしました。そして、個人の成熟を重視し、学習が効果をもつためには、**レディネス**が必要であると主張しました。

　環境要因が重要なのか、遺伝・生物学的要因が重要なのかという問いは、冷静に考えれば、「どちらも重要」ということになります。ワトソンやゲゼルも、環境や遺伝のどちらか一方だけが重要で、もう一方は関係ないと考えていたわけではありません。ただし、「どちらも重要」と考える場合でも、どのように重要なのかという点では立場の違いがあります。**シュテルン**（Stern, W.）は、個人の発達は環境要因と遺伝要因の合算によって決定されるという**輻輳説**

を主張しました。環境・遺伝双方の要因を考慮する輻輳説には説得力があるように思えます。しかし、環境要因と遺伝要因は単純に合計できるものではないという批判もあります。たとえばある環境が、ある人にとって非常に過酷な環境であっても、別の人にとっては挑戦しがいのある、成長を育むような環境であるということもあるかもしれません。つまり、環境要因がどのように働くかは、個人が有する資質によっても変わると考えられます。

サメロフ（Sameroff, A. J.）は、このような発達における環境と子どもとの相互作用を説明する**相互規定的作用モデル**（transactional model）を提唱しました（図2-1）。母親と子どもの相互作用を例に考えてみましょう。子どもにとって母親は重要な環境ですが、母親が子どもにどのようなかかわり方をするかは、母親側の要因だけでなく、子ども自身の要因によっても変化します。個人が生まれもつ性格特性は気質（詳細は第6章参照）と呼ばれ、気質によって親から見た時の接しやすさも変わります。同じ親でも、生まれつき穏やかな気質の子どもには穏やかに接するかもしれませんし、生まれつき気難しい気質の子どもには、少しおっかなびっくり接することになるかもしれません。

さらに、こうした相互作用を経て、母親も子どもも少しずつ変化が生じます。すると、次に行われる相互作用はまた以前とは異なるものになっていくかもしれません。このように、「子ども自身の要因」、「親（環境）の要因」といったものの影響があらかじめ決まっているわけではなく、それぞれの要因（この場合は**気質と環境**）が互いに影響を及ぼしあうなかで、人間は発達していくのです。

2. 環境と遺伝子

ワトソンやゲゼルなど、遺伝と環境をめぐるさまざまな立場があった当時は、メンデルの遺伝の法則こそ知られていたものの、シェームズ・ワトソン（Watson, J. D.）とフランシス・クリック

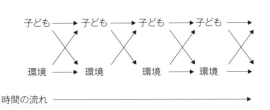

当初存在する子どもの要因と環境要因はそれぞれ互いに影響を与え、相互作用をくり返しながら変化していく

図 2-1　相互規定的作用モデル（Sameroff（1975）をもとに作成）

（Crick, F. H. C.）が2重らせん構造のDNAを発見するのはもう少し先のことです。研究が発展した現在では、遺伝要因と環境要因の相互作用は生物学的なレベルでも少しずつ理解が進んでいます。

　われわれのDNAはアデニン（A）、グアニン（G）、チミン（T）、シトシン（C）の4種類の塩基で構成され、それらの配列によってさまざまな特徴が決定されます。突然変異などによってこの塩基配列が変わると、異なる特徴が出現することになります。**生涯発達の遺伝的基盤**は、このDNAによって決まるのです。

　遺伝子というと、「生まれながらにもっている固有のもの」、「変えられないもの」というイメージが強いのではないでしょうか。ですが、実は遺伝子がもたらす影響についても、環境の影響があることが明らかになっています。とくに最近では、塩基配列が変わらなくても、遺伝子のはたらきが変化する場合があることが明らかになってきました。考えてみると、最初は単一の細胞だった受精卵は細胞分裂をくり返していくなかで、ある細胞は筋肉に、ある細胞は内臓に、ある細胞は脳に分化していきます。どの細胞も同じ遺伝子を有しているにもかかわらず、それぞれまったく異なるはたらきをするのです。つまり、「同じ塩基配列をもつならば、同じはたらきが起こる」というわけではないのです。

　具体的な例として、**DoHaD**（Developmental Origins of Health and Disease）**仮説**があります。これは、胎児期や生後早期における環境要因が、将来の疾病のリスクになるというものです。たとえば、胎児期、あるいは生後早期に栄養不足にさらされると、身体が栄養をため込む体質に変化することがあります。この体質変化は、栄養不足の環境に適応するために起こるものですが、後に栄養状態が改善されると、逆に糖尿病や高血圧、高脂血症など、いわゆるメタボリックシンドロームを発症するリスクが高くなることがわかっています。

　このような現象は、塩基配列の変化ではなく、環境要因によって一部の塩基に**メチル化**という変化が起こり、遺伝子のはたらきが変化するためであると考えられています。つまり、遺伝子レベルで体質の変化が起こっているのです。こうした塩基配列の変化を伴わない特徴の変化・継承を研究する領域は**エピジェネティクス**と呼ばれ、心理学だけでなく生物学、医学など多くの領域で研

究が行われています。

 ## 第4節　発達を研究する

1. 発達研究の基本的方法

　本書では、人間の発達に関するいろいろな研究結果が紹介されています。それらの結果はどのような方法を用いて得られたのでしょうか。たとえば、3歳の子どもと5歳の子どもの特徴を比較したい時、3歳の子どもと5歳の子どもを多く集めて、その特徴を観察したり、調査や実験を行ったりすることで、「3歳は●●だが5歳は××」といった比較をすることができます。このように、特定の時点における、複数の世代の人たちの特徴を比較する方法を**横断的研究**と呼びます。

　しかし横断的研究では、「幼少期に○○のような傾向があるとおとなになってから××となる」といった時間的変化を調べることができません。ある時点での特徴が、その後の発達にどのように影響するかを調べるには、調査対象となる人たちを長期的に追跡していく必要があります。幼少期に特徴を観察し、その同じ子どもたちが、5歳になった時、10歳になった時など特定のタイミングで再度特徴を観察することで、調べることができます。

　こうした調査対象となる人たちの経過を追っていく調査方法を**縦断的研究**と呼びます。縦断的研究では、経過を追うことができるので横断的研究ではわからないことを明らかにすることができますが、いうまでもなく非常に多くの時間と手間がかかります。実際は、研究の目的や研究の実現可能性等に応じて、横断的研究と縦断的研究とが選択されています。

　また、縦断的研究でもわからないことはあります。それは「世代」の影響です。時代や場所によっては、戦争や災害、経済的水準の変動などの外的要因が発達に影響することがあります。戦時中に生まれた人たちと、現代に生まれた人たちでは、5歳時点での発達状況は変わるかもしれません。そこで、世代の影響を考慮するために、複数の世代を対象として横断的研究と縦断的研究を組み合わせた方法を**コホート研究**と呼びます。たとえば、1990年、1995年、

	グループA	グループB	グループC
1990年	誕生		
	↓		
1995年	5歳	誕生	
	↓	↓	
2000年	10歳	5歳	誕生
	↓	↓	↓
2005年	15歳	10歳	5歳
	↓	↓	↓
2010年	20歳	15歳	10歳
	↓	↓	↓
2015年	25歳	25歳	15歳

3つの世代に5年ごとに調査をすることで、成長による変化だけでなく、各世代が生まれた時代の要因による変化もとらえることができる

図 2-2　コホート研究の例

2000年それぞれに生まれた子どもを、5年ごとに調査していくとします。そうすると図 2-2 のように、複数の世代における 5 歳時点、10 歳時点、15 歳時点のデータが手に入ります。このように世代と年代を組み合わせることで、個別の発達と、世代の影響双方をふまえた研究が可能になるのです。

2. 乳幼児を対象とした実験の方法

　前項であげた分類は、いつ、誰からデータをとるのかという点からの区別です。また、実際に子どもを相手にデータをとろうとする場合、どのようにしてデータをとるのかにもいろいろな工夫が考えられてきました。

　というのも、小さな子ども、とくに赤ちゃんは自分の体験を言葉で説明することができないからです。たとえば視力を調べたい場合、われわれは通常の視力検査で、ランドルト環がどの向きを向いているように見えるのか、口頭で報告することで、「どこまで見えているのか」を調べることができます。ですが、赤ちゃんは「右、左」などと回答することはできません。そのため、赤ちゃんの認知を調べるには特別な方法を用いる必要があります。代表的なものとして、**選好注視法**や**馴化－脱馴化法**があげられます。

　選好注視法とは、赤ちゃんに 2 つの図形を並べて提示し、どちらの方をより長く見ているのかを調べるという方法です（第 4 章参照）。たとえば、ただの○の図形と、○のなかに目と口の描かれた図形を提示するとします。そして、赤ちゃんがどちらの図形をより長く見ているのか、時間を計ります。もちろん、赤ちゃんがたまたま右の方ばかり向く癖があるといった場合もありますので、○の図形を右側に提示する場合と、左側に提示する場合とをランダムに設定することで、配置による結果の偏りをなくします。

この方法を考案した**ファンツ**（Fantz, R. L.）は、多くの図形を比較し、赤ちゃんがかなり早い時期から、目・鼻・口のある人の顔のような対象をより長く見つめることを明らかにしています（図4-1参照）。つまり赤ちゃんは、早い時期から人の顔に注目する傾向があるといえます。この方法を用いることで、言語報告に頼らず、赤ちゃんがどのような図形に興味を示すのか、図形の区別がどの程度ついているのかなどを明らかにすることができます。

馴化−脱馴化法とは、刺激に対する慣れ（馴化）を利用した方法です。ケルマンとスペルキ（Kellman, P. J., & Spelke, E. S.）は3ヵ月から4ヵ月の赤ちゃんに図2-3のaのような刺激を提示

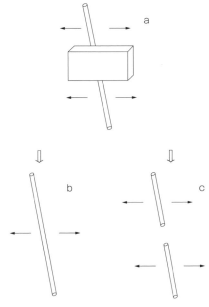

図 2-3　馴化−脱馴化法で用いた刺激の例

しました。この四角いブロックの向こうで、上下にはみ出た棒が左右に動いている刺激を赤ちゃんにくり返し見せると、赤ちゃんはだんだん刺激に慣れ（馴化）、刺激を見る時間が減ります。赤ちゃんが刺激に慣れたら次に、bあるいはcの刺激を提示します（脱馴化）。すると赤ちゃんはbの刺激を提示される場合よりも、cの刺激を提示された場合の方が、刺激をより長く見ることが示されました。これは、ブロックの後ろの棒は実はつながっていなかったということに、赤ちゃんが意外性を感じているためであると考えられます。逆にいうと、赤ちゃんでも、aのような刺激を見ると「ブロックの後ろの棒はつながっているだろう」と考えているということがわかります。このように、馴化−脱馴化法を用いることで、赤ちゃんの暗黙の知識や、記憶を調べることができるのです。

3. 双生児研究

　双生児研究は、遺伝と環境の影響を調べるために用いられる方法です。前節で、「遺伝か環境か」という話をしましたが、では実際に遺伝と環境の影響はどの程度なのでしょうか。双生児研究では、双子を対象としてこの点を調べます。

　海外では一卵性双生児が生まれると、片方を養子に出すことが比較的頻繁に行われています。一卵性双生児はまったく同じ遺伝子をもっていますが、片方が養子に出されると、それぞれ成長する環境は異なることになります。そして、この2人が20歳になった時に、お互いの特徴を比較したとします。たとえば、育った環境が違うにもかかわらず、2人の身長が非常に近いものであったとしたら、身長は遺伝によって決まる部分が大きいと解釈できます。

　双生児研究では、養子のように別々の環境で育つ場合と、同じ環境で育つ場合、一卵性と二卵性といった組み合わせで、双子の人たちから多くのデータを集めます。これによって、人間のそれぞれの特徴がどれくらい遺伝・環境の影響を受けているのかを推定することができるのです。

第5節 ま と め

　本章では、発達心理学における発達のとらえ方、研究のしかたを解説してきました。ただし、心の発達というのは目に見えないため、研究者によって立場や意見が異なることもよくあります。このような主張の相違については、立場や意見が違うのはなぜか、それぞれどのような前提に立っているのかという点を理解し、いろいろな視点から人間をみる態度を身につけてください。

（永井　智）

ANSWER：この問いに明確な正解があるわけではありません。人生をどのように区切るかについては、研究者によっても見解がさまざまであり、本章で紹介するハヴィガーストは、人生を6つの段階に、フロイトは5つの段階に、そしてエリクソンは8つの段階に区切りました。どれが正しく、どれが誤りというこ

とはありませんが、どのように区切るかで人生の見え方が異なってくると思います。それぞれの見方によって、人の生涯をどのように理解することができるのか、違いを意識して人間の発達を学んでいってください。

＊さらなる学び：

①エリクソンとレヴィンソンの発達段階を見比べ、違いを整理してみましょう。

②発達段階に関するさまざまな理論は、人間の基本的な発達を説明してくれますが、その理論が考えられた時代の影響を受けるとも考えられています。ハヴィガーストやエリクソンの発達段階について、現代でもあてはまりそうな部分とそうでない部分がどのくらいあるか、考えてみましょう（第12章にもヒントがあります）。

③気質にはどのようなものがあるか調べてみましょう。

④相互規定的作用モデルの具体例を考えてみましょう。

⑤知能、身長、性格など、さまざまな特徴がどの程度遺伝の影響を受けるか調べてみましょう。

【引 用 文 献】

安藤寿康（2000）. 心はどのように遺伝するか——双生児が語る新しい遺伝観—— 講談社

Erikson, E. H.（1959）. *Identity and the life cycle*. New York: International Universities Press.

Fantz, R. L.（1961）. The origin of form perception. *Scientific American, 204*(5), 66-73.

Gesell, A., & Thompson, H.（1941）. Twins T and C from infancy to adolescence: A biogenetic study of individual differences by the method of co-twin control. *Genetic Psychology Monographs, 24*, 3–122.

Havighurst, R. J.（1953）. *Human development and education*. New York: Longmans.（ ハヴィガースト, R. J., 庄司雅子（監訳）（1995）. 人間の発達課題と教育 玉川大学出版会）

Kellman, P. J., & Spelke, E. S.（1983）. Perception of partly occluded objects in infancy. *Cognitive Psychology, 15*(4), 483-524.

Sameroff, A. J.（1975）. Early influences on development: Fact or fancy? *Merrill-Palmer Quarterly of Behavior and Development, 21*, 267-294.

Sameroff, A., & Zax, M.（1973）. Schizotaxia revisited: Model issues in the etiology of schizophrenia. *American Journal of Orthopsychiatry, 43*, 744-754.

━━━━━━━━ 【コラム2】家庭裁判所調査官 ━━━━━━━━

　家庭裁判所調査官は、法律中心の裁判所のなかで、行動科学等人間諸科学の知識を基礎に、非行少年の調査および家事事件（離婚調停等）での子の調査を中心に仕事をしている総合職です。事件全体の進行を意識する必要はありますが、調査等は自分で計画する部分が多く、日によって作業の内容もまったく違います。ここでは、ある1日の家庭裁判所調査官の仕事の流れを紹介します。

【家庭裁判所調査官のある1日】

　今日は、午前10時から、少年A君の保護者の面接を予定していました。A君は事件を起こして鑑別所に入っており、私は一昨日A君に鑑別所で面接をし、非行の動機や背景事情を調査するとともに、A君の生活歴や家庭事情についても話を聞きました。A君は、学習や人間関係のつまずきを抱えているようで、感情のコントロールに問題がありました。私は、朝出勤後、面接時のノートや鑑別所技が実施した心理テスト結果等を見直し、A君の非行の原因を考えながら、発達心理学の観点等から、幼児期からのエピソードについてまとめ直し、親の面接に備えました。その後、A君の両親との面接を実施し、A君の生育歴や発達の問題点を調査するなかで、A君が幼い頃から言葉の遅れやコミュニケーションの問題を抱えていることがわかり、両親と、今後の対応等を話しあいました。

　午後は、3時から家事事件の面会交流の試行を予定していました。別居後、面会交流の途絶えている親子を、家庭裁判所の児童室で、調査官立会いのもと、試験的に面会交流を実施し、その様子を観察するのです。この件は、調査官2人で担当しており、事前に父母それぞれと面接をし、子の特徴や今までの親子関係等を調査し、検討を重ねてきました。今日は、1時から裁判官や主任を含めたチーム全員で、この件のケース会議をしました。面会交流の試行が、子の発達段階に応じた時間、場面設定になっているか、事前の子への説明や、事後の子への面接のポイント等、子の置かれている状況や年齢、発達状況に即した計画になっているか再検討しました。その結果、親子の交流の試行はスムーズにいき、子は親との交流を楽しみ、終了後「また会ってもよいよ」と話してくれました。親とも交流のふり返りを行った後、調査官2人で、子の言動についての理解を共有し、今後の具体的な親子交流の方法や留意点を検討した上で、報告書作成の役割分担を決めました。

　明日は、午前中に他の家事事件で、家庭訪問をして子の調査をした後、保育所に調査に行く予定にしているので、事前に検討した調査項目の確認等、明日の出張の準備をして今日の仕事は終わりです。

　家庭裁判所調査官は、少年事件では、少年や保護者との面接等を通じ非行原因を考え、保護者を支えて環境整備をし、再犯防止を考え少年の処遇を検討し、教育的働きかけをします。家事事件では、離婚の紛争のなかで、親に子の心情に目を向けてもらい、子の福祉にかなった監護環境や面会交流等について考える等、やりがいの大きな仕事です。少年や子を理解するためには、発達心理学をはじめ、さまざまな心理学の知識や面接技法等が必須であり、専門知識を身につけるための研修も充実した職場です。人生の重い問題をたくさん扱う仕事なので、責任も重いですが、職場で互いに支えあう雰囲気が強く、私はいつもそれに助けられて、調査官の仕事を続けています。　（濱野　公子）

胎生期の発達 3
～心と身体の初期発達～

QUIZ：あなたが普段使っているカバンの重さと、生まれた時の人間（赤ちゃん）の平均的な重さ（体重）を比べると、どちらが重いでしょうか？　あなたのカバンを、赤ちゃんを抱くように抱えて重さを感じながら考えましょう。

 ## 第 1 節　胎生期の発達

　ヒトの一生は受精から始まります。近年、超音波を使って母体内の胎児の様子や動きを鮮明に観察することも可能になりました。人間の発達の始まりである受精から出生までの期間の特徴についてみていきましょう。

1．胎生期とは

　受精から出生までの期間を**胎生期**といいます。胎生期はさらに、**卵体期、胎芽期、胎児期**の 3 つの時期に分けられます。

　大藪（2013）によると、まず、受精卵が子宮壁に着床するまでの 2 週間を卵体期といいます（受精～約 2 週間）。卵体期の終わり頃、胎盤が形成され、胎盤と受精卵とのあいだを結ぶ臍帯を経由して栄養分や酸素の供給、老廃物の排泄が行われます。次に、着床後 6 週間（受精後 3 ～ 8 週頃まで）の時期を胎芽期といいます。中枢神経系・心臓・腕・足・目・耳などのすべての器官が形成され始める時期です。胎児の発達および器官形成時期の目安は図 3-1 のようになっています。胎芽期の最後には、体長 2 ～ 3cm、体重 4 ～ 5g に成長し、接触刺激に対する身体反応もみられます。その後、胎芽期以降、誕生まで（受精後 9 週頃～出生まで）の期間を胎児期といいます。胎児の外観は人間らしい形態になり、身体の諸器官がさらに成熟します。12 週までに外性器が形成され、男女の区別ができます。17 ～ 20 週で母親は胎動を感じます。現在のところ、22 週頃が生存可能胎齢で、子宮外での生育が可能になります。出生までの妊娠期間は 40 週前後で、通常 3,000g 程度で生まれます。

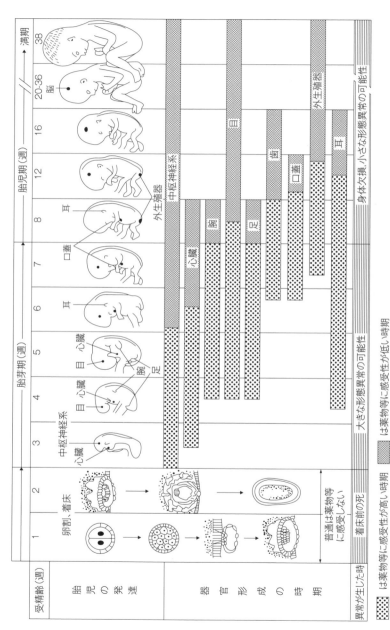

図 3-1 人の発生と器官の形成時期（成田・高橋・庄司, 1992）

　3　胎生期の発達

2. 脳と神経、感覚機能の発達

脳全体の重量は、胎生16週で約20g、28週で約100g、32週で約200gと増え、胎生36週でほぼ脳の構造ができ上がり約300g、出生時には約350～400gとなります（西野・松本, 2017）。

木原（2011）によると、脳の神経細胞（ニューロン）は、受精後3週頃から未成熟な細胞として脳の中心で発生し、25週頃までに大脳皮質（大脳の表面に広がる薄い層）の各分野へ移動していきます。神経細胞同士はシナプスでつながり、脳の神経細胞のネットワークが張り巡らされます（図3-2）。胎児と乳児の発達の関係も指摘されており、胎児期にみられた行動が、出生後は一時的に消失し、乳児期では再び順にみられるようになります。その一例を表3-1に示しています。たとえば、妊娠15週頃から胎児にみられる「指しゃぶり」は、生後1～2ヵ月の乳児に再びみられるようになります。神経細胞の発生と移動が完了する頃には、乳児が行うハイハイや歩行様の運動を終えています。

感覚機能も胎児期から発達しています。聴覚については、在胎24週頃から聴覚反応が認められます。視覚について

図3-2　ヒトの大脳皮質の神経細胞（ニューロン）（木原, 2011）

表3-1　胎児と乳児の発達行動の関連（木原, 2011）

胎児の発達	発達行動	再び見られる乳児の発達
妊娠8週頃～	全身の自発運動	生後0～1ヵ月
妊娠15週頃～	指しゃぶり	生後1～2ヵ月
妊娠20週頃～	寝返り	生後5～6ヵ月
	手で足を持つ	生後6～7ヵ月
	這い這い	生後8～9ヵ月
妊娠25週頃～	歩　行*	生後1歳～1歳3ヵ月

注）胎児の発達における妊娠週数の目安には個人差があり、見られる時期にも幅があります。
＊上表では胎児の明確な（意識的な）発達行動における妊娠週数の目安を示してあります。全身の自発運動の一部として見られる行動は、妊娠週数の目安より早い時期から確認できます（例：足を交互にキックするキッキングは妊娠11週頃から見られます）。

は、胎児期にはほとんど視覚刺激を受け取ることがありませんが、在胎 26 週には開眼し光を感じることが可能になります（近藤，2012）。

3．胎児の発育に影響を与える要因

　胎児の先天異常を引き起こす因子を**催奇形因子**といいます。神経系・呼吸器系・循環器系・消化器系などの主要な臓器が急速に形成される胎芽期は器官形成期とも呼ばれ、母体が催奇形因子にさらされると、胎児に重篤な先天異常が起こる可能性があります。代表的な催奇形因子として、母子感染（風疹ウイルス、サイトメガロウイルス、水痘・帯状ほう疹ウイルス、トキソプラズマ、など）、薬物、放射線、高血糖、アルコール、タバコなどが母体を通じて胎児の発育に悪影響を与えることが知られています。

　妊娠中の喫煙の影響については、流産・早産、胎児機能不全、低出生体重児などのリスクが高まることが指摘されています。本人の禁煙だけでなく、副流煙にも注意が必要です。また、妊娠中のアルコール過剰摂取によって、中枢神経系の機能障害、子宮内発達遅延、特有の顔貌、奇形などが生じることがあり、**胎児性アルコール症候群**（fetal alcohol syndrome：FAS）と呼ばれています（医療情報科学研究所，2018）。

第2節　周産期の問題

　周産期とは妊娠 22 週から出生後 7 日未満のことをいい、周産期医療とは妊娠、分娩に関わる母体・胎児管理と出生後の新生児管理を主に対象とする医療のことをいいます（厚生労働省，2017）。周産期医療の発展により、高齢出産が可能となり、妊産婦の死亡率が下がり、超低出生体重児の生育も可能となっています（水本・立花，2019）。日本では、第 1 子出生時の平均年齢の年次推移は、1950 年に 24.4 歳でしたが、1970 年には 25.6 歳、2000 年は 28.0 歳、2005 年は 29.1 歳、2015 年には 30.7 歳と、一貫して上昇が継続しています（厚生労働省，2017）。出産年齢が上昇している背景には、仕事と家庭の両立の難しさ、女性の社会進出や、収入の不安定さなど、さまざまな要因が影響していると考えら

れます。ここでは、周産期に関わる問題として、早産児、低出生体重児、成長障害、メンタルヘルスの不調などについて紹介します。

1. 早産児・低出生体重児

　出生までの妊娠期間は 40 週前後です。新生児は在胎週数により、**早産児**（在胎 37 週未満）、**正期産児**（在胎 37 週以上 42 週未満）、**過期産児**（在胎 42 週以降）に分類されます。日本では、早産率は増加傾向にあります。早産増加の要因として、①年齢的要因（例：晩婚化による高齢出産、妊娠合併症の増加など）、②医原性要因（例：生殖補助技術による多胎妊娠など）、③感染症、④環境要因（例：妊婦の喫煙、過度なダイエットによるやせ、ストレスなど）の 4 つがあげられます。また、早産児には低出生体重児が多くなります。出生体重による新生児の分類では、出生体重の正常値は 2,500g 以上 4,000g 未満とされており、出生体重が 2,500g 未満を**低出生体重児**といいます。さらに、1,000g 以上 1,500g 未満を**極低出生体重児**、1,000g 未満を**超低出生体重児**といいます。一方、4,000g 以上 4,500g 未満を巨大児、4,500g 以上を超巨大児といいます。早産児は胎外の生活に十分適応するのが難しい未熟な状態で生まれてくるため、さまざまな合併症が生じるリスクが高くなります。早産児は正期産児に比べて、周産期死亡率や死産率が高いこと、脳性まひや発達遅延などのリスクが高く予後にも影響を与えることが明らかになっています（医療情報科学研究所，2018）。

　早産児・低出生体重児の親へのサポートも重要です。水本・立花（2019）は、超低出生体重児や重症疾患児は NICU（新生児集中治療室）において、24 時間体制で治療管理され、母親は、NICU での子どもの人工呼吸管理中などに、子どもを失う恐怖、親としての無力感や罪悪感、育児への不安などを味わっており、こうした母親の育児について支援していく必要があると指摘しています。

2. 成長障害（器質性、非器質性）

　妊娠の届け出をすると、母子保健法に基づき市町村から『**母子健康手帳**』（母子手帳）が交付されます。また、名称はさまざまですが男性の育児参加を応援するための『**父子手帳**』を独自に発行している自治体もあります。

母子健康手帳に記載される主な内容は、妊娠中の経過、乳幼児健康診査の記録、予防接種の記録、乳幼児身体発育曲線などです（水本・立花，2019）。身体発育曲線のグラフに体重と身長の数値を記録していくことで、栄養状態や成長の過程を把握することができます。体重増加不良、身長増加不良の状態を医学的に **FTT**（Failure to Thrive）と呼びます。この言葉の訳語には**発育障害、発育不全、成長障害、体重増加不良**など、さまざまな用語が混在しているのが実情です（溝口・小穴・山田・奥山，2014）。従来、FTT は基礎疾患を原因とする**器質性FTT**（Organic Failure to Thrive；OFTT）と、明らかな器質的疾患がなく心理社会的背景を原因とする**非器質性FTT**（Non-Organic Failure to Thrive；NOFTT）に分類されてきましたが、基礎疾患が原因とされる場合でも、結果的に心理社会的要因をもつ場合が多く、上記の分類は臨床的意義が乏しいと考えられるようになってきました（本山，2014）。

　FTT の治療の柱は、①基礎疾患の治療、②栄養障害の改善、③心理社会的要因の軽減の３つがあげられます（本山，2014）。具体例として、①は検査などにより子どもの栄養障害の背景にある身体的要因（成長ホルモンの分泌不全、染色体の異常など）をきちんと鑑別・治療すること、②は適切な栄養摂取ができるように養育者に指導や治療を行うこと、などがあげられます。③の心理社会的要因の例としては、たとえば貧困・虐待などへの介入や、子育てに関する悩み・不安を軽減するアプローチなどが含まれます。

3．周産期のメンタルヘルスの問題（マタニティ・ブルー、産後うつ病）

　本間（2007）によれば、出産を契機にして生じる産後精神病やうつ病、不安障害などは出産というライフイベントに着目して**産後うつ病**としてひとまとめにした言い方がされています。産後うつ病の特徴的な症状は、抑うつ、妄想、子どももしくは自分自身を傷つけるのではないかという不安です。一方、**マタニティ・ブルー**の主な症状は悲嘆、不快気分、涙もろさ、強い依存状態であり、出産後の多くの女性が経験する正常の状態とされます。産後うつ病は早い場合は出産後１～２週間後、たいていは１ヵ月後あたりから始まり、発病の頻度はおよそ 10 ～ 20% といわれています。このような状態にある母親がみずか

ら医療機関を受診し治療を受けることはきわめて少ないと考えられています。

 ## 第3節　親になることの心理

1. 家族形成：母親・父親になること

　子どもが生まれる前（親になる前）と後（親になってから）で親自身が実感する変化（「親となる」ことによる発達）には6つの側面があります（柏木・若松, 1994, 表12-1参照）。それらは、柔軟さ（「他人に対して寛大になった」など）、自己抑制（「自分のほしいものなどが我慢できるようになった」など）、運命・信仰・伝統の受容（「運や巡りあわせを考えるようになった」など）、視野の広がり（「日本や世界の将来について関心が増した」など）、生きがい・存在感（「長生きしなければと思うようになった」など）、自己の強さ（「自分の立場や考えはちゃんと主張しなければと思うようになった」など）です。これらの6つの側面すべてにおいて、父親よりも母親の方が強く実感しているようです（柏木・若松, 1994）。

　子どもの誕生は夫婦関係にも大きな影響を与えます。大野（2006）は夫婦関係への影響が生じる理由を2つあげています。1つは、誕生間もない赤ちゃんの世話は先延ばしできず否応なしに物事に優先順位をつけることが迫られるなかで、それまで気づかなかったり気にならなかったりした夫婦の価値観の違いに直面し、「この人と人生の目標を共有できるかどうか」を問い直すきっかけになるためです。その結果、相手を再評価したり、反対に幻滅し、夫婦関係が悪化したりすることもあると考えられます。もう1つの理由は、子どもの誕生によってそれまでのおとなだけの生活時に有効であった問題解決の資源の多くを利用できなくなるためです。たとえば、気分転換のために夫婦2人だけで出かけることは子どもが生まれる前ほどにはできないでしょう。夫婦でじっくり話しあう時間的・精神的ゆとりを失うと夫婦関係は悪化しやすく、反対に、夫婦が協力しながらさまざまな制限のある状態を打開することを楽しめれば、より強い結びつきが生まれると考えられます。

　子育ては楽しいことばかりではなく、子どもが欲しくても妊娠に至らない夫婦や、妊娠・出産に伴ってさまざまな悩みを抱える親もいます。親が自分ひと

表 3-2　子育て中の母親が身近な人に相談しにくい理由（本田他（2009）をもとに作成）

相談しにくい理由	内容
良くない噂の懸念	身近な人に家のことを話すと他の人にも伝わっていそうで怖くていえない
	まわりの人に相談するとかわいそうと思われるのが嫌。噂が広まる
母親非難の懸念	母親のせいにされるのではないかという思いがある
	子育てを信用して任せてくれなくなる
遠慮	自分の母に相談すると心配するばかりで気を使わせて悪いと思う
	相手も余裕がないと感じられるので相談しづらい
悩み軽視の懸念	相談しても「気にしないこと」で片付けられる
	夫や母親に相談しても安易に「大丈夫」、「問題ない」と言われる
理解されない懸念	子どもの性別や人数が違うので理解してもらえないと思う
	子どもに対する考え方が人によってまちまちである
解決の期待の低さ	話を聞いてもらうだけ、解決策は見出せないし期待もしていない
	結局解決しなさそうで愚痴をこぼすだけになってしまう。解決しないなら時間の無駄な気がする
自力解決志向	相談しても結局自分で解決するしかない
	相談しても解決するのは自分とその家族である
日頃の人間関係	子ども同士、親同士の人間関係だったりするので、近所の人にはなかなか相談しづらい
	友達の子どもと相談したい子が仲良しのときは相談しないかも
相手の不在	身近な人が頼れない体調や性格である時、大まかに話すことしかできない
	本当は夫に少しでもいいから話したいと思うけど、あまり協力的ではないので何も話せない

りで（自分たちで）解決できないような子育ての困りごとを相談できることは健やかな子育てを営む上できわめて重要です。悩みの相談に関する心理は**援助要請**と呼ばれ、表3-2、表3-3に示すような相談をためらう心理があります（本田・三鈷・八越・西澤・新井・濱口, 2009）。子育てに悩む親が必要な支援を求めることができるようになるためには、周囲の人が子ども・子育てに今以上に寛容になることや、身近な人が相談されなくても押しつけにならない程度に助けを申し出ること、子育て支援サービスを充実させることなど、親自身を変えようとする前に周囲の人や社会環境が相談しやすくなるように変わることが重要といえるでしょう。

表 3-3　子育て中の母親が専門家に相談しにくい理由（本田他（2009）をもとに作成）

相談しにくい理由	内容
利用しづらさ	わざわざ予約をしていくヒマがない。子育て疲れで電話するのも面倒 どういう状態のときはどこの相談機関に相談すればいいのか、というのがわかりづらい
期待の低さ	一般論でしか話してもらえない 画一的に判断されるのでは、と思うとなかなか行く気になれない
敷居の高さ	どのくらいのことから専門機関に相談して良いのかわからないので相談しにくい 本格的にこんなに大変なことになっているのか…という壁を自分のなかに感じてしり込みしてしまう
対応への不信感	どこまで親身になってもらえるかといった不安があるので相談しにくい 他人ごとで済まされそう
相手の情報不足	相談に乗ってくれる方がどういう性格の方なのか、気になる 子どもを育てたことがない人に相談はできない
伝える自信のなさ	普段の様子をうまく伝えることができるか心配 相談するにも身近でないと環境、情報など正確に伝えづらくかえって面倒
秘密漏洩の心配	どこで相談ごとが漏れるかわからない 専門機関では個人の記録が残るので相談しにくい
母親非難の懸念	自分の子育てがすべて否定されそうで怖い 子どものことで相談しても自分の子育てを否定されるので相談しにくい
自力解決志向	自分の子どものことは自分で解決しなければならないと思う 結局、自分自身がしっかりしなければならない

2．父親の役割

　父親が育児に参加している場合としていない場合で、母親の育児に対する感情に違いが生じてきます。父親が育児に参加している場合には、ほとんど参加していない場合に比べて、母親の育児への肯定的感情が高く否定的感情（制約感）が低いことが明らかになっています（柏木・若松，1994）。柏木（2011）は、これまで日本の男性には「一人前になる」ことの条件として職業的・経済的自立が重視され、家庭役割をこなせることや他人をケアできることは軽視されてきたこと、これらの点で成長・発達するためには異なる存在である子どもと向きあう機会をもつこと（「父親をする」こと）が重要であると指摘しています。

3．不適切な養育

（1）児 童 虐 待

不適切な養育の１つである**児童虐待**は**身体的虐待、性的虐待、ネグレクト、心理的虐待**の４つに分類されます（表3-4）。これらは往々にして重複して生じるものであるとされます。それぞれの虐待による子どもへの影響は身体面や心理面に生じ（表3-5）、すべての種類の虐待の影響として共通して生じやすいものにリミットテスティング（試し行動）があります。子どもにとっては虐待的な環境が「当たり前の環境」であり、入園・入学し、あらたな環境に入っても自分は虐待的な環境にいると疑ってかからないものです。そのため、周囲の教師も虐待的なかかわりをすると認知しています。そこで、何をどこまですると周囲のおとなが虐待行為を始めるかを確かめるために、挑発的な言動をとるようになります。この行為をリミットテスティングと呼び、教師はただの反抗とみないことが重要です（玉井，2007）。また、西澤（2010）は虐待（child abuse）と

表 3-4　児童虐待の種類（厚生労働省，2013）**と子どもにもたらす影響**（玉井（2007）をもとに作成）

	身体的虐待	性的虐待	ネグレクト	心理的虐待
種類	殴る、蹴る、投げ落とす、激しく揺さぶる、やけどを負わせる、溺れさせる、首を絞める、縄などにより一室に拘束するなど	子どもへの性的行為、性的行為を見せる、性器を触る又は触らせる、ポルノグラフィの被写体にする　など	家に閉じ込める、食事を与えない、ひどく不潔にする、自動車の中に放置する、重い病気になっても病院に連れて行かない　など	言葉による脅し、無視、きょうだい間での差別的扱い、子どもの目の前で家族に対して暴力をふるう（ドメスティック・バイオレンス：DV）、きょうだいに虐待行為を行う　など
影響	身体的な後遺症状（体格の劣化、難聴、視力低下、関節の変形、等）問題を力で解決しようとする態度（「弱きに強く、強きに弱く」）、威嚇的な言動、等	性感染症、妊娠、等性化行動（極度で不自然な性的色彩を帯びた言動、親密さと性的接触の誤学習）女性教員の胸に執拗に触る、男女問わず股間に触る、自分の陰部をすりつける、性教育への異様な関心、性的話題のおおっぴらな発言、等	体格の劣化、不衛生さ（皮膚疾患、進行した虫歯、等）生活への意欲の乏しさ、些細なきっかけでの癇癪、等	著しい情緒不安定感（気分のむらが激しい、不自然な怒りや引きこもりの反応、等）すべての虐待は心理的虐待の要素を含んでいる。

は親が子どもの存在や関係を利用して自分の心理・精神的問題を緩和・軽減すること、つまり子どもの乱用（abuse）であると説明しています。

しかし、児童虐待をしてしまった親を責めるだけでは児童虐待をなくすことはできないでしょう。親自身が置かれている苦しい環境、虐待をするに至った親の心理、親が苦しくても相談できない心理（援助要請）など、子どもと親を取り巻く環境や両者の心理を理解しながら、社会全体で児童虐待をなくす取り組みを行うことが大切です。

（2）体罰の禁止

児童虐待防止対策の強化を図るため児童福祉法等の一部を改正する法律が施行され（2020年4月1日）、わが国においても児童の権利擁護として親権者等による体罰の禁止が明記され、たとえ親が「しつけ」と称した行為であっても体罰となることがあります。体罰をしてしまう背景として、保護者が「一生懸命子供に向き合っているのにいつまでも泣き止まない」、「自分自身も育児や仕事、介護、家族関係等でストレスが溜まっている」、「周囲に相談したり頼りにできる人がいない」などさまざまな悩みを抱えていたり、「愛情があれば叩いても理解してくれる」、「自分自身もそうやって育ってきた」、「大人としてなめられてはいけない」などの考えをもっていることが指摘されています（体罰等によらない子育ての推進に関する検討会，2019）。親自身が自分の感情と向きあいながら体罰によらない子育てをいかに行うか、具体的な取り組みが求められています。

第4節 ま と め

本章では胎児期を含めた胎生期の発達（受精から出生まで）と親の心理について解説しました。子どもが母体のなかで、そして出生後にも成長・発達していくように、親も心理的に「親として成長する」過程を経験します。その過程で児童虐待や体罰を防ぎ、地域社会全体で子ども・子育てを支えることが重要です。

（第1節・第2節1・2本田泰代・第2節3、第3・4節本田真大）

ANSWER：誕生時の赤ちゃんの体重は 2,500 〜 4,000g が正常値とされ、おおむね 3,000g で誕生します。

＊さらなる学び：
①地域社会全体で子どもを育てるために、親・親族以外の地域の人（たとえば大学生）がどのように子育てに協力できるか具体的に考えてみましょう。
②しつけ、体罰・虐待の違いを考えて、「しつけか、体罰・虐待か」の判断に迷う場面を具体的に考え、その場面での望ましい親のかかわり方を考えてみましょう。

【引 用 文 献】

本田真大・三鈷泰代・八越忍・西澤千枝美・新井邦二郎・濱口佳和（2009）．幼児をもつ母親の子育ての悩みに関する被援助志向性の探索的検討――身近な他者と専門機関に相談しにくい理由の分析―― 筑波大学心理学研究, 37, 57-65.

本間博彰（2007）．乳幼児と親のメンタルヘルス 乳幼児精神医学から子育て支援を考える 明石書店.

医療情報科学研究所（2018）．病気が見える vol.10 産科 第 4 版 メディックメディア

柏木惠子（2011）．父親になる、父親をする――家族心理学の視点から―― 岩波ブックレット

柏木惠子・若松素子（1994）．「親となる」ことによる人格発達――生涯発達的視点から親を研究する試み―― 発達心理学研究, 5, 72-83.

木原秀樹（2011）．240 動画でわかる赤ちゃんの発達地図――胎児・新生児期から歩行するまでの発達のつながりが理解できる―― メディカ出版

近藤好枝（2012）．新生児 高橋惠子・湯川良三・安藤寿康・秋山弘子 発達科学入門 2 胎児期〜児童期（pp.21-35） 東京大学出版会

厚生労働省（2013）．子ども虐待対応の手引き（平成 25 年 8 月改正版）

厚生労働省（2017）．周産期医療の体制構築に係る指針 https://www.mhlw.go.jp/file/06-Seisakujouhou-10800000-Iseikyoku/4_2.pdf（2020 年 2 月 28 日）

溝口史剛・小穴慎二・山田不二子・奥山眞紀子（2014）．特集にあたって（特集 不適切な養育による発育不良――見逃しの防止と地域での支援――） 子どもの虐待とネグレクト, 16(1), 5-6.

水本深喜・立花良之（2019）．周産期医療の理解　武田克彦・岩田淳・小林靖　公認心理師カ
　　リキュラム準拠　人体の構造と機能及び疾病（pp.154-169）　医歯薬出版

本山景一（2014）．Failure to Thrive（FTT）二次医療機関でのアプローチ　子どもの虐待と
　　ネグレクト, *16*(1), 30-31.

成田朋子・髙橋依子・庄司留美子（1992）．胎生期　中島誠（編）　発達臨床心理学　（pp.9-
　　37）　ミネルヴァ書房

西野良・松本英夫（2017）．胎児と乳幼児の神経学的発達　青木豊・松本英夫　乳幼児精神保
　　健の基礎と実践　アセスメントと支援のためのガイドブック（pp.46-55）　岩崎学術出版
　　社

西澤哲（2010）．子ども虐待　講談社

大野祥子（2006）．親としての発達　柏木惠子・大野祥子・平山順子　家族心理学への招待
　　（pp. 149-156）　ミネルヴァ書房

大藪泰（2013）．赤ちゃんの心理学　日本評論社

体罰等によらない子育ての推進に関する検討会（2019）．体罰等によらない子育てのために
　　（素案）　Retrieved from https://www.mhlw.go.jp/content/11907000/000573078.pdf
　　（2019 年 2 月 22 日）

玉井邦夫（2007）．学校現場で役立つ子ども虐待対応の手引き──子どもと親への対応から専
　　門機関との連携まで──　明石書店

【コラム3】乳幼児健診の育児相談で心がけていること

　私は、各自治体で行われる乳幼児健診時（1歳6ヵ月児、3歳児健診）の育児相談を担当しています。公認心理師として、主に子どもの発達や育児における不安をもつ保護者への助言を行います。子どもの月齢に合わせた成長や機能の発達、病気の早期発見、発見された病気に適切な治療や対策が行われているか等、医師、歯科医師、保健師、栄養士と連携しながら丁寧に確認します。

　おおまかな1日の流れは次の通りです。

　1．保健師と健診の流れの確認。2．子どもや保護者の観察。3．相談を希望する保護者との面接および報告書の作成。4．健診終了後のスタッフによるカンファレンスへの参加。

　仕事をする上で心がけていることは、健診を受ける親子の立場になって考え、来て良かったと思ってもらえるようにすることです。親子のかかわりあいや子ども同士の遊ぶ様子などを来所時から丁寧に観察することにより、保護者の抱える不安や疑問に対して的確な助言ができ、保護者や子どもに安心感を与えることができると考えています。健診終了後のスタッフによるカンファレンスにおいても、公認心理師としての客観的な見立てを示せるよう心がけています。多職種の方々と情報を共有し、検討することで、より適切な支援を保護者や子どもに提供できるようにしています。

　この仕事にやりがいを感じる時は、保護者の話をじっくり聴いていくうちに、緊張していた表情がほっとしたように明るく変わった時や、公認心理師としての見立てを他職種の方々が理解し、納得していただけた時です。互いの専門性を理解しあえた時は、とても嬉しく感じます。大変だと感じることは、子どもの発達の傾向や保護者が困っていることを、限られた時間のなかでできるだけ詳しく聴くことです。そのつど入ってくる相談希望に臨機応変に対応しながら丁寧に聴くことが求められます。まだまだ難しいと感じ、反省することが多いです。

　育児相談において、乳幼児期の心身の発達のしかたや特徴といった発達心理学の知識は、子どもの心身の状態を理解する上で大いに役立っています。自分の子どもの発達はこれでいいのだろうか、子どもとどう関わったらいいのだろうかと心配や不安を抱える保護者は少なくありません。そんな時、今は少し心配があっても、今後どのように発達していくのか具体的な目安を示すことで、少し先を見通すことができ、保護者は安心とゆとりをもって子育てできるのではないかと感じています。

（和気　淑江）

乳幼児期の発達① 4

～感覚と動きの発達～

QUIZ：赤ちゃんの多くは、生後７～８ヵ月から「ずりばい」を始めます。そもそも「ずりばい」とはどんな動きでしょうか？　また、赤ちゃんのなかには、後ろ向きに「ずりばい」をする子もいます。なぜそのようなことが起こると思いますか？　理由とともに考えてみましょう。答えは本文中にあります。

 ## 第１節　「乳幼児期」とは？

　乳児期とは、出生後から満１歳ないし１歳半までの期間をいいます。この時期の特徴として、出生から身長が約 1.5 倍、体重は約３倍になるなどの身体の急激な発達があげられます。また、大脳皮質の急速な発達によって、運動面、認知面、学習能力なども発達していきます。このことから、生涯発達的観点においては、発達がもっとも著しい時期といえるでしょう。

　乳児期に続く発達段階は**幼児期**です。幼児期とは、１歳ないし１歳半から５～６歳頃までの時期を指します。運動機能や認知機能、言語獲得やそれに伴うコミュニケーション能力の向上、基本的生活習慣の獲得などの変化が訪れる発達段階です。

 ## 第２節　感覚・知覚の発達

1. 原 始 反 射

　生まれたばかりの赤ちゃんは、大脳皮質が未熟なため、自分の意思で身体を動かすことができません。そのため、生命の維持や環境への適応のために、脊髄・脳幹には生まれつき反射中枢が備わっています。これは**原始反射**（primitive reflexes）と呼ばれ、「生命の維持に関する行動や後の適応的な行動と原型を同じくする、出生時から見られる行動」のことをいいます（表4-1）。原始反射は本人の意思や意図に関係なく生じる不随意運動ですが、発達につれて

中脳・大脳皮質が成熟し、随意運動が優勢になると、徐々に消失していきます。もし、出現すべき時期にみられない場合や消失する時期にみられる場合は、脳や神経系の異常が疑われるため、発達の指標としても重要なものです。

表 4-1　主な原始反射の種類と内容

種類	内容
把握反射	赤ちゃんがしっかりとものを握りしめる反射で、手足の指にみられる。
モロー反射	赤ちゃんの背中と頭を支えて仰向けにし、手で支えながら急に頭部を落下させると、両手両足を左右対称的に外側に伸ばし、それに続いてゆっくりと抱え込むように上半身を動かす反射
ルーティング反射	赤ちゃんの頬を少し指でつつくと、刺激された方向に頭を回すという反射
吸てつ反射	赤ちゃんが唇にふれたものを何でも吸おうとする反射
バビンスキー反射	赤ちゃんの足の裏を尖ったものでゆっくりと、かかとからつま先にかけてこすると親指が反り返り、他の 4 本の指が扇のように開く反射
自動歩行反射	赤ちゃんの脇の下を支え、両足を床につけて少し前かがみにさせると、まだ歩けないにもかかわらず、歩き出すような足の動きをする反射
緊張性頸反射	仰向けの状態になっている赤ちゃんの顔を、左右どちらかに傾けると、傾けた側の手足を伸ばし、逆の手足を曲げる。

2．視覚の発達

　かつて、生まれたばかりの赤ちゃんには何も見えていないといわれていましたが、数々の心理学実験の結果から、視覚は出生直後から機能し、その後急速に発達すると考えられています。出生直後の視力は約 0.02 といわれ、"明るい" か "暗い" かを区別できる程度で、細かい物を把握できるほどの視力はありません。生後 6 ヵ月頃にはおとなの視力でいう 0.1 程度になり、4 ～ 5 歳頃になって成人とほぼ同程度に見えるようになると考えられています。また、脳の発達が未熟で視覚的情報を的確に処理できないことから、赤ちゃんはかなりの近視状態であることがわかっています。そのため、焦点は目の前 20 ～ 30cm ほどの距離にピントが固定されていて、これはおとなに抱かれる時に、ちょうど顔が見える距離です。また、生後 8 週くらいまでのあいだは、青を感じる視細胞（錐体細胞）が未熟であるといわれています。つまり、おとなとは異なる色彩世界を体感していることになります。さらに、立体視が難しいといわれて

いるため、赤ちゃんの見ている世界は平面的な世界ということになります。そして、少なくとも生後5ヵ月頃までには、おとなに近い視覚レベルに達するといわれています。

　乳児を対象とした心理学実験の手法の確立は、1960年代のファンツ（Fanz, R. L.）の研究にあります。ファンツは、生後2～3ヵ月児と生後3ヵ月以降の赤ちゃんに、図4-1のような6種類の図版を2つずつ対にして提示し、それぞれの図版を見ている時間を計りました。その

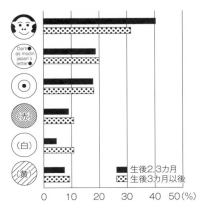

図4-1　図形パターンに対する乳児の注視率
（Fantz（1961）をもとに平出（1988）が作成）

結果、単純な図版よりも複雑な模様のある図版を見ている時間が長いことが明らかになりました。なかでも、人の顔のように見える図版を好んで見ることがわかっています。ファンツの開発したこの方法は、**選好注視法**（preferential looking method）と呼ばれています。

3. 聴覚の発達

　聴覚は妊娠30週頃に完成するといわれており、感覚器官のなかでも、発達が早いといわれています。みなさんは、妊婦さんやそのご家族が、お腹の赤ちゃんに向かって話しかけている場面を見たり、あるいはそのようなドラマのシーンを見たことはありますか。残念ながら、何を話しているかまでは赤ちゃんに伝わっていませんし、羊水のなかではぼんやりと小さな音でしか聞こえていません。しかし、胎内の赤ちゃんの聴覚はすでに発達が進んでいるため、外界の音は赤ちゃんに届いていることになります。クラシック音楽や英語を聞かせるなどの早期教育をイメージすることも多い「胎教」という言葉ですが、このような"話しかける"といったことも、「胎教」に含まれます。そして、出生後、赤ちゃんはまばたき、筋緊張、心拍数の変化、顔や四肢の動きなど、さまざまな形で音刺激への反応を示します。そして、生後1～2週間で大きい音

と小さい音、高い音と低い音を聞き分けることができるといわれています。また、生後6ヵ月まではあらゆる音を聞き分けながら、自分の母国語はどれかを探り、決めていく時期であるため、多くの乳児が「L」と「R」を聞き分けることができます。しかし、日本語を母国語とする場合、日常生活において「L」と「R」を聞き分ける必要性は低いため、徐々に聞き分けがあいまいになると考えられています。

　では、赤ちゃんの好む音とはどのようなものでしょうか。コンドンとサンダー（Condon & Sander, 1974）は、生後2日未満の赤ちゃんにおとなが話しかけた時の様子を詳しく分析しています。赤ちゃんは人の話す言語音には、そのリズムに合わせて眉を上げたり、腰や手足をバタバタと動かしたりします。このような人の言葉に合わせて身体を動かす反応を**エントレインメント**（entrainment：**同期行動**）といいます。一方で、母音の連続といった無意味な語音や単なる物理音にはまったく反応しませんでした。また、同じ人の声でも女性の声、すなわち高い調子の声をより好むことが知られています。つまり、赤ちゃんは人の声をより好み、なかでも音域の高い女性の声を好むということがわかります。そして、テンポがゆっくりで抑揚のある話し方によく反応するといわれています。つまり、赤ちゃんはお腹のなかでいつも聞こえてくるお母さんの声をもっとも好むといえるでしょう。

4.　触覚の発達

　触覚は人間の五感のなかでもとくにその発達が早いことで知られています。受胎後7週頃には口まわりの皮膚感覚が出現し、出生後は急速に温度感覚や痛覚が発達するといわれています。そして、生後3ヵ月頃になると積極的に自分で自分の身体を触るようになります。そのことによって、赤ちゃんは自分の身体や感覚を使って自分自身に気づくとともに、自分と外界の違いを見つけていきます。

　これまで各感覚について個別にみてきましたが、実際は個々の感覚が別々に機能しているわけではありません。メルツォフ（Meltzoff, A. N.）らは、生後1ヵ月前後の赤ちゃんの半数にイボイボのついたおしゃぶりを、残りの半数に表面

のなめらかなおしゃぶりを暗闇のなかで与えます
（図4-2）。次に、明るい部屋で両方のおしゃぶりを
見せます。すると、赤ちゃんは自分のなめていた
方のおしゃぶりをより長く注視したという結果が
得られました。つまり、視覚情報と触覚情報を統
合しているといえます。

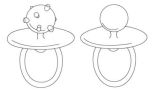

図4-2　おしゃぶり実験
（Meltzoff & Borton（1979）をもとに、
佐藤（1992）が作成）

　第3節　動きの発達　

1. 身体の発達

　人間の生涯にわたる発達を考えると、乳幼児期は一番成長が著しい時期で
す。その発達にはいくつかの原理原則があります（表4-2）。
　このような原理原則に基づいて身体発達が進みますが、実際はどの程度の大
きさになるのでしょうか。出生時の平均身長は約50cm、平均体重は3,000gで

表4-2　発達の原理原則

原理原則	内容
①発達は連続する過程である	発達は急激に変化することはなく、連続性を保ちながら進む。
②発達には一定の方向性がある	身体発達では、頭部から臀部へ、中枢部から末梢部へと進む。
③発達は分化と統合の過程である	発達は、はじめは未分化な状態であるものが、次第にそれぞれの機能をもつものに分かれ、さらにそれらが組織化されることで、より複雑な全体を構成している。たとえば、ものをつかむ行動は、指全体でつかむ未分化な状態から、親指と人差し指でつかむ分化した状態へと変化する。
④発達は個体と環境の相互作用である	発達は個体が環境に働きかけ、その結果が個人に返されるといった相互交渉によって進む。
⑤発達は相互に関連している	それぞれの要因が個々に独立して発達するのではなく、相互に関連しあいながら発達し、それらが全体的な発達につながる。
⑥発達には一定の順序がある	発達は一定の決まった順序で進行していくという規則がある。たとえば、ハイハイ→つかまり立ち→直立歩行というように、一定の順序で進む。
⑦発達には個人差がある	目安の時期はあるものの、発達にはそれぞれの個人差がある。
⑧発達には周期性がある	発達の過程では、以前現れていた傾向がくり返し現れる。

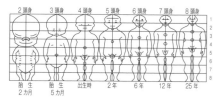

図4-3　身体各部のつりあい（Jackson（1929）を
もとに中川（2019）が作成）

すが、年々減少傾向にあります。そこから、乳児期の1年で身長は約1.5倍、体重は3倍に達します。われわれが今の身長や体重から同じ程度に発育すると考えると、この変化がいかに急速なものであるかがわかります。保健所や医療機関にて行われる乳幼児健診では、母子手帳に記載されている**発育曲線（成長曲線）**によって発育状況が判断されます（厚生労働省雇用均等・児童家庭局，2011）。なお、この時期の身体の発達にはかなりの個人差があります。たとえ発育曲線の標準範囲内に入っていないからといって過度に心配する必要はありません。"平均的か"ということよりも、"赤ちゃんのペースで身長が伸びているか・体重が増えているか"という視点でみることが大切です。

　また、人間は年齢によって身体のバランスが変わります。みなさんは自分が何頭身くらいなのかわかりますか。図4-3のように、一般的に成人では約8頭身のバランスで、全身に占める頭部の割合が小さくなります。しかし、赤ちゃんの身体は4頭身程度です。身体に対して頭部が占める割合が大きく、手足や胴体は小さくなります。このようなプロポーションのために、乳幼児健診などで「赤ちゃんの頭部からの転倒に注意するように」と伝えられることがあるわけです。その後、赤ちゃんの脳が飛躍的に成長し、頭部も身体も大きく成長すると、2歳で約5頭身、幼児期が終わる6歳では約6頭身になります。この頃になると、身体の成長とともに頭部が占める割合は下がります。このように、身体発達に伴い、われわれのプロポーションも徐々に変化していきます。

2. 運動の発達

　これまで述べてきた身体の発達に伴い、子どもの動きも発達します。ここでいう「運動」は、体育やスポーツのことだけではなく、動き全般のことを指します。人間の運動には大きく分けると2種類の運動があります。以下、それぞれについて説明していきます。

姿勢を保ったり、バランスをとったり、あるいは身体全体を使って歩いたり走ったり、ジャンプしたりするような身体全体をダイナミックに使った運動（動き）のことを、**粗大運動**といいます。粗大運動は日常生活を送る上で核となる運動です。乳児期においては、その基礎となるさまざまな粗大運動が展開されます。自立歩行ができるまでの具体的な過程を概観すると、多くの乳児が、生後4〜5ヵ月頃に首がすわり、6〜7ヵ月頃で寝返りができるようになります。生後9〜10ヵ月頃にはひとりでお座りができるようになり、同じくらいの時期にハイハイをするようになります。冒頭QUIZの「ずりばい」とは、みなさんがよく知っているハイハイの一種のことです。お腹を床につけたまま腕や足を動かしてずりずりと進む状態から、このように呼ばれています。簡単にいうと、ほふく前進のイメージです。そして、とくにずりばいを始めた直後、赤ちゃんによっては後ろに進んでしまうことがあります。これは、左右の腕の筋力にばらつきがあったり、腕と足の動きのバランスを上手にとれていなかったりすることが原因の1つだと考えられています。ずりばいにはいろいろなパターンがあり、顔つきや性格と同じように、ずりばいにも赤ちゃんそれぞれの個性があるので、安全に気をつけながらそのかわいらしい動きを見守りたいものです。その後、生後11〜12ヵ月頃につかまり立ちをするようになり、1歳前後で一人歩きができるようになります。粗大運動の発達によって、子どもの見る世界や生活空間、行動範囲は劇的に変化します。そして、それまでとは異なる外界を経験することで、子どもの知的好奇心はさらに増加していきます。その後、運動機能はさらに発達し、走る、跳ぶ（2歳頃）、ケンケン（3歳頃）などができるようになります。3歳頃になると、三輪車をこげるようにもなりますが、日常生活においては、この三輪車の動作のように一つひとつの動きが単体で行われるというよりも、目と手、手と足など、複数の箇所を同時に動かす**協調運動**も求められます。協調運動にはそのほか、縄跳びやキャッチボールなどがあげられます。

　また、手や指を使った細かく精密な動作を必要とする運動は、**微細運動**と呼ばれています。原始反射の把握反射が消失して以降、手先の細やかな動きができるようになっていきます。これは、手先が分化して発達が進んでいくことは

もちろん、目で対象物をとらえて手を伸ばし、その形に合わせて手指をフィットさせること、さらに力加減をコントロールすることも必要となります。これは**目と手の協応**と呼ばれ、生後5ヵ月頃から身についていきます。さらに、生後10ヵ月頃には指で物をつまむことも可能となります。この後、振る、引っ張る、押す、回す、たたく、投げるなどのさまざまな手指操作を身につけていきます。日常生活において積み木やおはじきでの遊びや鉛筆・箸の使用などが含まれます。このように、乳幼児期は、目と手、右手と左手、指と指など、目的に合わせていろいろな機能を組み合わせる協応性が発達します。当初はぎこちなさが目立ちますが、徐々にスムーズな動きになり、高度に統合された運動が可能となります。

 第4節 ま と め

　本章では乳幼児期の身体と動きの発達について概観しましたが、いずれも生涯発達的に顕著な発達であることがわかります。しかし、そこには個人差も存在するため、子ども自身の発育状況を丁寧にみていく必要があります。

（尾花　真梨子）

＊さらなる学び：
①感覚・知覚に発達について、本章では視覚、聴覚、触覚のそれぞれの発達の特徴をみてきましたが、月齢・年齢を軸として、全体的な発達の様子・特徴をまとめてみましょう。
②自分の母子手帳があれば、それを見ながら自分の身体の発達の様子についてふり返ってみましょう。
③本章で出てきた動き以外の粗大運動・微細運動の具体例を、自分の小さい頃を思い出してあげてみましょう。

【引 用 文 献】

Condon, W. S. & Sander, L. W. (1974). Synchrony demonstrated between movements of the neonate and adult speech. *Child Development, 170,* 196-197.

Fantz, R. L.（1961）. The origin of form perception. *Scientific American, 204*, 66-72.

平出彦仁（1988）. 発達心理学序説　八千代出版

Jackson, C. M.（1929）. Some aspects of form and growth. In W.J.Robbinsons,S.Brody,A. F.Hogan, C. M. Jacksons＆C. W. Green（Eds.）, *Growth*. Yale University Press.

厚生労働省雇用均等・児童家庭局（2011）. 平成22年乳幼児身体発達調査報告書　https:// www.mhlw.go.jp/toukei/list/73-22.html（2020年2月20日）

Meltzoff, A. N., & Borton, R. W.（1979）. Intermodal matching by human neonates. *Nature, 282*, 403-404.

乳幼児期の発達②

〜記憶と言葉の発達〜

5

QUIZ：自分が生まれてはじめて話した言葉は何だったかを知っていますか？
一般的に、子どもがはじめて発する言葉はどのような単語が多いのでしょうか？
答えは本文中にあります。

 ## 第1節　認知の発達

　私たちは、身のまわりの膨大な情報のなかから必要なものを取り込み、その情報のもつ意味を考え、世界を理解しています。このような心のはたらきを認知といいます。集められた情報は、記憶しておき、あらたな事物や事象を理解する時の材料として利用されます。また、子どもは自分を取り巻く世界を理解するとともに、みずから発信するコミュニケーションの能力も発達させていきます。どんなに小さな子どもでも、その発達段階に応じた認知やコミュニケーションの手段を通じて世界にはたらきかけているのです。

1.　ピアジェの発達理論：子どもには世界がどのように見えている？

　スイスの心理学者ピアジェによれば、認知とは、自分の置かれている環境に積極的にはたらきかけながら外界に対する認識を形成する力のことをいいます。乳児は、周囲の刺激をただ受動的に受け入れるだけの存在ではなく、「これは何だろう？」、「あれは何だろう？」とみずから試すことで外界を理解していく「有能な科学者」であると考えたのです。外界へのはたらきかけを通して構築される、外部からの情報を処理する内的枠組みのことを**シェマ**（schema）といいます。そして、あらたに得られた外界の情報を自分のシェマに合うように修正して取り入れる**同化**（assimilation）を行ったり、反対に外界の状況に合わせて自分のシェマ自体を修正して情報を取り入れる**調節**（accommodation）を行ったりすることで、外界に対する認識を広げます。

　ピアジェの発達理論では、こうした同化・調節を経て進んでいく認知・思考

の発達を4段階に分けて説明しました（第2章を参照）。そのうち、感覚運動期（0歳〜1歳半）は乳児期に、前操作期（1歳半〜7歳）は幼児期にあたり、各時期の認知・思考には以下のような特徴があります。

（1）感覚運動期の認知・思考の特徴

感覚運動期は、触る、叩く、振る、落とすなど、自分の身体を使ったはたらきかけを通じて対象の性質やしくみを理解する段階です。たとえば、指をしゃぶる行為を通じて、自分の指の形を知ったり、それによってもたらされる快の感覚を理解しています。また、この時期の特徴として**対象の永続性**（object permanence）の理解があります。対象の永続性とは、たとえ目の前の対象が見えなくなってしまっても、その対象はその場から消えたわけではなく依然として存在し続けているということです。生後8ヵ月頃になると対象の永続性を理解し、対象が完全に覆われていても探し出すことができます。

（2）前操作期の認知・思考の特徴

前操作期は、言葉やイメージが使えるようになる時期です。たとえば、遊びのなかでは、母親のやったことを後で真似する延滞模倣や、積み木を車に見立てるなどの象徴遊び、おままごとなどのごっこ遊びが現れます。

ただし、この時期は主観と客観が未分化で、自分と他者の視点の 区別ができていません。このことを**自己中心性**（egocentrism）といいます。自己中心性の発達を調べるためにピアジェが考案した実験が3つ山問題です（図5-1）。子どもをAの地点に座らせ、Cから見える山の形を図のなかから選ばせるのですが、多くの子どもは今見ているAの地点から見える図を選択してしまいます。

また、この時期の子どもは保存概念が未獲得で、見た目に左右されやすい状態にあります。図5-2のように、容器の水面の

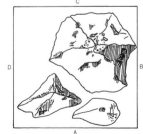

図 5-1 3つ山問題
(Piaget & Inhelder, 1956; 長谷川, 1997)

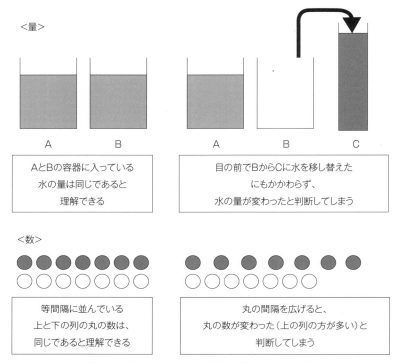

図 5-2　前操作期における子どもの認知・思考の特徴

高さが変わったことで、直観的に「水の量が増えた」と判断したり、丸の配置
の長さが変わったことで、直観的に「丸の数が増えた」と判断したりします。

　ところで、私たちは、身のまわりの事象について、観察したり体験したりす
ることを通して自然に知識を獲得することが多々あります。こうして獲得され
た知識体系を**素朴理論**（native theory）というのですが、幼児のもつ素朴理論の
内容はしばしば科学的事実とは違っていることが知られています。たとえば、
実感に根差した「地球は平らである」という素朴理論から「地球は丸い」とい
う正しい科学的理論へと修正することは、幼児期においては非常に難しいので
す。

2. ヴィゴツキーの発達理論

ヴィゴツキーの発達理論では、発達における教育の役割について説明しています。子どもの認知発達は、おとななど他者の助けを受けて課題を達成することが可能な段階から、子どもが自分の力のみで課題を達成することが可能な段階へと進むといい、前者を**発達の最近接領域**と呼びました。自転車に乗る練習をしている子どもを想像して下さい。最初から補助輪なしの自転車に一人で乗る練習をしても、成功することは難しいでしょう。また一方で、補助輪つきの自転車を自由に運転することができる段階にあるならば、その状態を続けていても、一向に補助輪なしの自転車に乗れるようにはなりません。補助輪を外した状態でおとなに支えてもらいながら乗る練習を行えば、補助輪なしの自転車に一人で乗ることができるようになるでしょう。つまり、教育とは、ひとりでは達成困難な状態から、自身を取り巻く社会や文化のなかで他者の助けを得ながら徐々にひとりで達成できるようになることを目指すものであるといわれています。

 ## 第2節　記憶の発達

1. 記憶のしくみと構造

記憶するという行為は、記銘、保持、再生の3段階に分けることができます。記銘とは、刺激が記憶として取り込まれることで、レコーダーへの「録音」にあたります。保持とは、記銘された情報が忘れられずに残っていることで、レコーダーに録音された音声の「保存」にあたります。再生とは、保持していた情報が外に現れることで、レコーダーに録音した音声の「再生」にあたります。

アトキンソン（Atkinson, R. C.）らは、情報処理理論の立場から二重貯蔵モデルを提唱し、記憶は、感覚記憶、短期記憶、長期記憶の3構造からなると説明しました。

感覚記憶（sensory memory）とは、目や耳などの感覚受容器から入力された情報を加工せずそのままの形で一時的に保存する記憶のことです。視覚情報で

1秒以内、聴覚情報で数秒以内までしか保持できません。

　短期記憶（short-term memory）とは、一時的には覚えていることができますが、容量に限界があるため、時間が経つと忘れてしまうような記憶のことです。ミラー（Miller, G.）は実験を通して、多くの人々は7±2チャンク（まとまりを意味する言葉）までしか覚えられず、これが短期記憶の容量の限界であると主張しました。このような限りある容量のなかに必要な情報をとどめておくためには、情報を反復したり（リハーサル）、情報をグループに分けてまとまりを作ったり（カテゴリー化）する必要があります。なお、短期記憶は、なんらかの作業をするために一時的に覚えておいた情報を頭のなかで操作する機能も備えています。たとえば、算数で筆算をする時にはくり上がりの数を覚えておく必要がありますし、会話中、相手の話した内容を覚えておいた上で自分のセリフを考えて言葉を発します。バッデリー（Baddeley, A. D.）は、このような短期記憶の処理機能に着目し、**作動記憶**（working memory）と名づけています。

　長期記憶（long-term memory）とは、半永久的に情報が保持されている記憶のことです。言葉で表すことができる記憶を**宣言的記憶**（たとえば歴史上の出来事の年号）、体で覚えている記憶を**手続き的記憶**（たとえば自転車の乗り方）といいます。さらに、宣言的記憶は、**エピソード記憶**（出来事についての思い出）と**意味記憶**（知識や事実などの一般知識）に分類することができます。

2. 乳幼児期の記憶能力：子どももおとなと同じように覚えていられる？

　生まれたばかりの赤ちゃんでも、においや音声を区別し、記憶する能力があることが知られています。子どもの記憶能力はどのように発達していくのでしょうか。選好注視法（第4章を参照）を使った実験では、生後5〜6ヵ月の乳児が、白黒色の図形を2日間、顔写真を2週間にわたって覚えていたことが示されています（Fagan, 1973）。また、乳児の頭上につるしたモビールを使った実験課題では、2ヵ月児では1日、3ヵ月児では1週間、6ヵ月児では2週間経っても、自分の足を動かすとモビールも動くという学習内容を記憶していました（Rovee-Collier, 1997）。さらに、延滞模倣（手本となる対象の動作を見聞きした後にひとりで真似をする）も記憶能力を測るために使われる方法です。なぜなら、模倣す

る時には手本がないため、最初に見た手本の動作を一定時間保持しておかなければならないからです。カーバーとバウアー（Carver & Bauer, 2001）の実験では、生後9ヵ月児は1ヵ月しか記憶を保持できませんが、生後10ヵ月児は半年後まで覚えていることが報告されました。

　幼児期の子どもの記憶能力を調べる方法には、どのようなものがあるでしょうか。たとえば、実験者が箱から一つひとつ取り出す物を覚えさせ、それらを再び箱にしまった直後に、箱の中身を答えさせたり（再生）、実験者が提示する物が箱に入っていた物かどうかを答えさせたりする方法があります（再認）。再認課題の場合、2歳9ヵ月～3歳1ヵ月の子どもで正答率81%、3歳～4歳4ヵ月の子どもで正答率92%と、高い確率で情報が保持されることがわかっています（Perlmutter & Myers, 1974）。また、言葉で聞き出す手法を用いた上原（1998）の研究結果によると、自分が過去に体験したエピソードを語るようになるのは2～3歳前後ですが、この時点では、自発的に語られることはなく、過去の出来事に関する質問にもほとんど答えることができずに、手がかりとなる物を見て連想された内容を報告する形がほとんどだといいます。しかし、約1年ないしそれ以上の年月を経ると、手がかりがなくても自発的にエピソードを思い出し、他人に語り聞かせたり、質問にも正しく答えられるようになります。多くの研究から、過去の記憶を語るという行為の発達には、記憶能力をはじめとする認知機能の発達とともに他者とのかかわり（周囲のおとなと過去の出来事について語りあう経験）が重要な役割を果たすと考えられています。

 ## 第3節　言葉の発達

1. 私たちはどうやって言葉を使えるようになる？

　言葉の習得については、人は生まれつき言葉を効率的に習得することができるシステムをもっていると主張する生得説と、おとなが話している言葉を聞き、模倣することを通して学習すると主張する経験説とがあります。

　生得説の代表が、チョムスキー（Chomsky, N.）の生成文法理論です。人には生まれつき**言語習得装置**（language acquisition device: LAD）が備わっており、そ

のおかげで子どもは比較的短期間に言葉を身につけることができるという考え方です。生後12時間～2週間の新生児でも、おとなの声かけに対して（それが母国語でも外国語でも）その言語の構造に合わせたリズムで体を動かすことから、子どもはあらゆる文化の言語に対応することができる素地をもって生まれてくることが指摘されています（Condon & Sander, 1974）。

　一方で、その子どもの置かれた環境の影響はまったくないといってよいのでしょうか。発達における環境要因の重要性を指摘する代表的な研究として野生児研究があります。1797年頃に南フランスで発見された推定年齢11～12歳の男児のケース（アヴェロンの野生児）では、発見時に思考力や記憶能力が乏しく言葉を使うこともできなかった男児に対して6年間教育を施しましたが、アルファベットを順に並べたり、簡単な文章を理解することはできるようになったものの、会話をすることは最後までできなかったといいます。また、1920年にインドで発見された2人の女児アマラとカマラのケースでは、推定年齢1歳半のアマラは病気で先に亡くなりましたが、推定年齢8歳のカマラに対してはさまざまな教育が施されました。しかし、約30語の語彙を獲得するにとどまり、年齢相応の発話が現れることはありませんでした。いずれのケースも、言語面の発達が伸びなかった背景には、言語習得のために重要な時期（**臨界期**）を逃してしまったことがあると考えられています。したがって、言葉の発達には、生まれつき備わっている言語習得の基盤だけでなく、発達早期の豊かな言語環境も大切であることがわかります。

2. 言葉の発達の過程
(1) コミュニケーションの発達
　出産直後からみられる最初のコミュニケーション方略は、泣き声をあげることです。生まれて間もない赤ちゃんは言葉を話すことができないので、空腹、寒暖、排泄によるおむつの湿りなど、自身が不快な状態にあることを泣くことで養育者に伝えます。生後2ヵ月頃になると、機嫌のよい時などに「アー」、「クー」などの**クーイング**（cooing）と呼ばれる発声をするようになります。生後6ヵ月頃には、音声言語の基礎ともいわれる**喃語**（babbling）が現れ始めま

す。最初は単音（「アー」、「ウー」）であったものが、同じ音がくり返されるように
なり（「ママ」、「ダダダ」）、やがて異なった音が混ざるようになります（「ア
ブー」）（平山, 2010）。クーイングや喃語といった乳児の発声は、母親をはじめと
する周囲のおとなたちの応答的なかかわりを引き出し、対人交流の基盤となっ
たり、音声の多様化を促進することにつながると考えられています。

　そして、1歳頃を目安に初語（first word）という意味のある最初の言葉が現
れます。冒頭 QUIZ の内容は、初語の内容について尋ねるものです。母子手帳
に記録されていることも多いでしょう。通常、初語には「マンマ」、「イナイイ
ナイバァ」、「ハイ」などの社会的な語（日課や挨拶）や、「ママ」、「パパ」、「ワ
ンワン」など人や動物を表す語が多いとされており、とくに「マンマ」の平均
獲得月齢は 13.6 ヵ月ともっとも早いという調査結果もあります（小林・永田,
2012）。子どもが「マンマ」と発した時に、母親が近づいてきて「ママだよ」
と応じたり、「お腹が空いたのかな」と食事が与えられたりする経験が積み重
なることによって、子どもは「マンマ」という言葉を母親あるいは食事を要求
する時の言葉として理解し、使うようになっていくのです。この時期の言葉
は、1語で文の機能をもっていることから1語文と呼ばれます。また、「ワン
ワン」という1語で犬も猫も鳥も意味するというように、語の意味を過度に拡
張して使用される、語の汎用という現象もよくみられます。やがて、1歳半頃
になると2語文がみられるようになります。当初は「クック、ナイナイ（靴を
しまう）」というように助詞や助動詞が脱落した形が多いのですが（電文体発話）、
2歳を過ぎると3語以上を用いた多語文を話すようになり、語彙の増加ととも
により複雑な文章構造を使うようになります。2〜3歳頃には「コレナニ？」、
「アレナニ？」、「ナンデ？」とおとなに質問することが増え、急激に語彙数が
増加することから語彙の爆発（word explosion）と呼ぶこともあります。3歳以
降、会話のスキルは高まっていき、4歳児は、会話の相手の年齢に応じて話し
方を調節することができます（平山, 2010）。

(2) コミュニケーション発達の基盤

　発達早期（生後0〜9ヵ月頃）には、子どもは「自分と他者」、「自分と物」と
いう二項関係の世界で生きています。しかし、生後9〜12ヵ月頃になると、

他者を介して物と関わったり、物を介して他者と関わったりすることができるようになり、「自分と他者と物」という三項関係が成立します。たとえば、母親（他者）が床に転がった人形（物）を指さすと、子ども（自分）はその人形に目をやり、指をさしたり声を出したりするようになります。この現象は**共同注意**（joint attention）と呼ばれており、三項関係が成立した証とされます。さらに、母親が人形を指さしながら「これはワンワンだよ」と言及するやりとりを通して、しだいに子どもは目の前の物（人形）と「ワンワン」という言葉の結びつきを理解し、興味・関心のある物を指さしてその名称を知りたがるようなそぶりを見せたり、みずから言葉のようなものを発して他者とのやりとりを試みたりするようになります。このように、共同注意は、コミュニケーションの発達や語彙の獲得の基盤となるとともに、その後の認知能力や他者理解の発達の基盤にもなることが知られています。

(3) 思考と言葉の関係性

ヴィゴツキーは、言語を機能から2種類に分け、他者とコミュニケーションするための言語を**外言**（outer speech）、頭のなかで思考するための言語を**内言**（inner speech）と呼びました。ヴィゴツキーによれば、人間はまず外言を獲得し、内言は外言から派生する形で現れます。なお、この派生過程では、外言の形をとりながらも内言のはたらきをする言語がみられることがあります。声として発せられながらも他者とのコミュニケーションの意図はなく、思考が単に音声化されている独り言のような状態であり、ピアジェは3～6歳頃にみられるこのような発語を**自己中心語**（egocentric speech）と名づけました。

3. 言葉の発達のつまずき：吃音・緘黙

吃音（stuttering）とは、話す時にどもったりつっかえたりして、流暢に話すことができない障害で、多くは6歳までに発症します。具体的には、語音が詰まってなかなか出てこなかったり（難発）、「あ、あ、あ、ありがとう」というように語音がくり返されたり（連発）、「あーーりがとう」というように最初の語音が引き延ばされたりします（伸発）。ゆっくり話すように子どもに求めたり、本人に意識させないよう吃音を話題にすることを避けたりするのではな

く、おとながゆっくりした発話の見本を示すこと、子どもの話に最後まで耳を傾けること、吃音を話題にすることができるような雰囲気を作ることが重要です。また、いじめやからかいの対象となってしまう場合もあることから、周囲の人に吃音の正しい知識と望ましい対応方法を伝えることが求められます。

　緘黙(かんもく)(mutism)とは、話す能力には問題がないにもかかわらず、言葉を発しない障害です。生活のあらゆる場面でまったく話すことができないものを全緘黙、家庭では話しているにもかかわらず、学校など特定の社会的状況では一貫して話すことができないものを場面緘黙(選択性緘黙)と呼びます。場面緘黙の発症年齢は5歳未満とされますが、友人や教師など家族以外の他者との交流や音読などの発話課題が増える就学後に問題が明らかになることも少なくありません。背景には過度な不安があると考えられており、無理に話させようとする周囲の対応がかえって症状を維持させてしまう場合もあることに注意が必要です。

第4節 ま と め

　認知、記憶、言葉の発達をみていくと、乳幼児は「何もできない」存在ではなく、どんなに幼くても、自分を取り巻く世界を理解し、みずからはたらきかける力をもっているということがわかるのではないでしょうか。また、そうしたもって生まれた力だけでなく、周囲のおとなとのかかわりや教育といった環境が発達に及ぼす影響も大きいことを忘れてはいけません。

(臼倉　瞳)

> ＊さらなる学び：
> ①自己中心性にとらわれず思考できるようになるのは(脱中心化)何歳頃でしょうか。脱中心化すると言動などにどのような変化が起こるでしょうか。
> ②「02997285651417」という数字列を記憶しておくためにどのような方法・工夫がありますか。自由に考えてみましょう。

【引 用 文 献】

Carver, L. J., & Bauer, P. J.（2001）. The dawning of a past: the emergence of long-term explicit memory in infancy. *Journal of Experimental Psychology, 130*, 726-745.

Condon, W. S., & Sander, L. W.（1974）. Neonate movement is synchronized with adult speech: interactional participation and language acquisition. *Science, 183*, 99-101.

Fagan, J. F.（1973）. Infants' delayed recognition memory and forgetting. *Journal of Experimental Child Psychology, 16*, 424-450.

長谷川智子（1997）. 発達心理学　冨田正利（編）人を育てる心理学（p.112）　北樹出版

平山祐一郎（2010）. 言語の発達　櫻井茂男・大川一郎（編）しっかり学べる発達心理学改訂版（pp.81-94）福村出版

小林哲生・永田昌明（2012）. 不自然言語処理——枠に収まらない「リアルな」言語処理——: 5. 日本語学習児の初期語彙発達　情報処理, *53*, 229-235.

Perlmutter, M., & Myers, N. A.（1974）. Recognition memory development in two- to four-year-olds. *Developmental Psychology, 10*, 447-450.

Piaget, J., & Inhelder, B.（1956）. *The child's conception of space*（F.J.Langdon & J.L.Lunzer, Ed. & Trans.）. London: Routledge and Kegan Paul.（Original work published 1948）

Rovee-Collier, C.（1997）. Dissociations in infant memory: rethinking the development of implicit and explicit memory. *Psychological Review, 104*, 467-498.

上原 泉（1998）. 再認が可能になる時期とエピソード報告開始時期の関係——縦断的調査による事例報告——　教育心理学研究, *46*, 271-279.

乳幼児期の発達③

～気持ちとかかわりの発達～

QUIZ：私たちは静かな教室でお腹の音がなったり、髪の毛がぼさぼさだったりした時、「恥ずかしい」という感情を経験することがあります。しかし、赤ちゃんはお腹の音がなっても、髪の毛がぼさぼさであったりしても、恥ずかしがるような様子を見せることはありません。私たちはどのくらいの時期から「恥ずかしい」という感情を経験するようになるのでしょうか？

 ## 第1節　感情発達を学ぶ意義

1. 感情とは何か

　私たちは日々、泣いたり、怒ったり、喜んだりとさまざまな感情を経験していますが、**感情**（emotion）とは何なのでしょうか。心理学では、感情は①生理的反応、②主観的感情経験、③感情表出行動の3側面から構成されると考えられています。生理的側面とは、「恥ずかしくて顔が赤くなる」や「怖くてドキドキする」といった表現にあるような心拍や血流に影響を与える神経系、内分泌系、免疫系の変化のことをいいます。主観的感情経験とは、嬉しい、悲しいといった人が自覚できる気持ちのことをいい、私たちが日常的に使う「感情」や「気持ち」にあたるものです。そして感情表出行動とは、表情や声のトーンなどの行動を通じた感情の表現のことをいいます。また、どのような感情が生じるかは人がある出来事をどのようにとらえ、解釈するかという認知的な評価によって決まると考えられています（**認知的評価理論**：cognitive appraisal theory；Lazarus, 1991；図6-1）。たとえば、テストで80点をとった時に「思いのほか良かった」ととらえれば喜びの感情を、「思いのほか

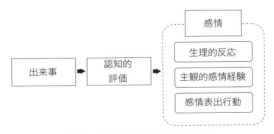

図6-1　感情の3側面と生起プロセス

できなかった」ととらえれば悲しみや落胆などの感情を経験するでしょう。

2. 感情の機能

　それでは感情は人にとって、どのような機能があるのでしょうか。心理学では大きく分けて、①動機づけの側面（個人内機能）と②コミュニケーションの側面（個人間機能）があると考えられています。動機づけの側面とは、たとえば、何か腹が立つことを言われた時に怒り感情が経験されることによって、アドレナリンが分泌され攻撃する準備ができるといったような、感情によって一定の行動を促すはたらきのことをいいます。また、コミュニケーションの側面とは、たとえば、誰かと一緒にいる時に楽しいという感情を経験し、表出することで相手の人に「私はあなたと一緒にいて楽しいですよ」というメッセージを伝える、といったような感情を通じた相手とのやりとりのことをいいます。あるいは、相手の表情を見て、「この人は私と一緒にいることを嬉しいと思っているんだな」というのも同様です。

3. 感情発達の重要性

　近年では、この2つの感情機能が人の発達において重要であると考えられるようになってきました。すなわち、自分が感じている気持ちを適切に認識したり、目標に応じて適切に自分の気持ちを調整したり、自分の気持ちを適切に表現したり、相手の気持ちを適切に受け止めたりすることが、その後の良い人間関係や心理的適応、人生の成功の確率を高めると考えられています。

　メイヤーとサロヴェイは、こうした能力のことを「**感情知性**（感情知能）（emotional intelligence）」として研究しています（Mayer & Salovey, 1997）。感情知性は、その内容として4つの要素があげられています。それは、①目的達成のために感情を適切に調整するという「感情の管理」、②感情を表す言葉やシグナル（信号）を理解するという「感情の理解」、③思考を促進するために感情を利用するという「感情の利用」、④自己と他者の感情を正しく知覚するという「感情の知覚」です。そしてこれらは、読み書き計算と同じように教育できるものであり、教えることができるものだと考えられています。

近年、子どもの発達を考える上で、第5章で紹介した認知的な側面だけでなく、感情的な側面をも促進することの重要性が強調されています。何かする時に動機づけの感情をうまく利用することや、相手との関係のなかで感情をきちんと伝えることが良好な発達につながるからです。そして、感情的な知性を教育するためには感情の発達を理解することが重要なのです。

 ## 第2節　乳幼児期の感情の発達

1. 乳児期の感情発達

　生まれたばかりの時、私たちはどのような感情をもっているのでしょうか。また、感情はどのように発達していくのでしょうか。乳児はまだ言葉が使えないため、感情の主観的側面に関しては検討することが難しいので、表情や行動を観察することで研究が行われています。感情発達は、生得的な要因、身体や運動の発達、認知能力の発達、社会的相互作用の発達などさまざまな要因から影響を受けますが、ルイスは、乳幼児の観察研究をもとに、感情発達はとくに認知発達の影響を受けるとする感情発達の理論モデルを提唱しています（Lewis, 2008；図6-2）。このモデルでは、新生児の感情は明確ではない（未分化の状態である）ものの、充足、興味、苦痛の3つの感情の状態が認められるとされています。そして、認知能力の発達とともにそれらの感情は分化していき、生後6ヵ月前後には、喜び、怒り、おそれ、悲しみ、嫌悪、驚きといった**一次的感情**（primary emotions）をみせるようになるとされています。ルイスの理論に沿って、未分化の状態にある感情がどのように分化していくのかをみていきましょう。

　まず、快感情である充足は、生後3ヵ月頃までに喜びに分化していきます。生後間もない乳児も微笑みを示しますが、これは**生理的微笑**（physiological smile）と呼ばれ、外的な刺激とは無関係に生じるもので、睡眠中の素早い眼球運動に伴って生じるものです。一方で、生後3ヵ月頃からみられる、外的な刺激（ヒトやモノ）と結びついた微笑みは**社会的微笑**（social smile）と呼ばれ、喜びの表出であると考えられています。生後5ヵ月頃からは養育者など特定の人に

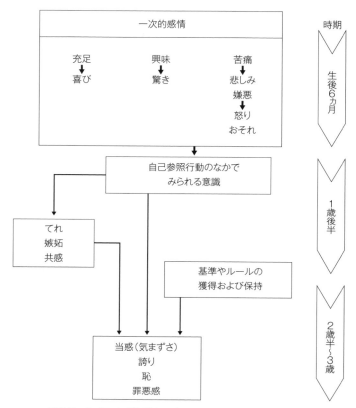

図6-2　ルイスの感情発達モデル（Lewis（2008）をもとに作成）

対してより強く微笑むようになります。

　次に、興味は生後6ヵ月前後までに驚きに分化していきます。驚きは新しい
発見があった時や「こうなるであろう」という期待に反した出来事があった時
に生じます。たとえば、乳児の足とひもでつながった玩具（モビール）が足の
動きに合わせて動くことを発見した時や一見不可能に見える出来事（あるはず
のものがなくなっているように見えるなど）があった時などに驚きの表情を見せた
り、注目する時間が長くなったりすることが知られています。

　不快感情である苦痛は生後3ヵ月頃までに悲しみや嫌悪に、そして生後6ヵ

月頃までに怒りやおそれに分化していきます。生後3ヵ月頃までには養育者が関わるのを突然やめると悲しみの表情を示したり、好きでない味のするものを口の中に入れられると嫌悪の表情を示したりします。生後4ヵ月頃に乳児は手を伸ばしてものをつかめるようになりますが（リーチング）、それを邪魔されると怒りの感情を示すようになります。また生後6ヵ月頃には、**人見知り**（stranger fear）が始まり、おそれの感情を示すようになります。

2. 幼児期の感情発達

1歳半頃になるとさらに認知能力が発達し、鏡に映った自分を見て行動するようになったり（自己参照行動）、自分が他者からどう見られているのかという意識や自分の名前や所有物を認識する意識（自己意識）が高まったりすると子どもはより複雑な感情をみせるようになります。そうした自己意識とともに生じる感情には、てれ、嫉妬、共感の3つがあり、これらは**自己意識的感情**（self-conscious emotions）と呼ばれます。

2歳半から3歳頃になると社会的な常識や規則などが理解できるようになり、それに照らして自分のしたことが良いことか悪いことかという自己評価ができるようになります。そうした自己評価とともに生じる感情には、当惑（気まずさ）、誇り、恥、罪悪感の4つがあり、これらは自己意識的感情のなかでもとくに、**自己評価的感情**（self-evaluative emotions）と呼ばれます。

ここまでみたように、ルイスは生後約3年のあいだに感情が細かく分化していき、おとなと同じような感情の種類をもつようになると考えています。しかし感情知性の観点からいえば、ただ感情をもつだけではなく、その意味や機能を理解したり、それらの感情を適切に調整したりすることが重要です。

第3節 乳幼児期の感情理解・感情調整

1. 乳児期の感情理解・感情調整

乳児は生後すぐに感情理解や感情調整が十分にできるわけではなく、認知能力の発達や養育者の支援によって、それらができるようになっていきます。

カップ（Kopp, 1989）の理論を参考に、発達のステップをみていきましょう。

　生後間もない乳児はほかの乳児の泣き声を聞くと、つられるように泣き出すことがあります（**感情伝染**：emotion contagion）。また、おとなが口を開けたり舌を出したりすると乳児がそれを真似するという現象もあります（**新生児模倣**：neonatal imitation）。これらから、ヒトは生得的に他者の感情や表情に反応しやすいと考えられています。この時期には、乳児が空腹や痛みなどによって不快（苦痛）を感じた時に、頭を回す、指を吸うなどの行動が起きて、偶然に不快さをまぎらわすこともありますが、意図的なものではありません。不快を感じた時に泣いたり、ぐずったりすると養育者が不快な状態であることを理解し、不快を引き起こしているものを取り除いてくれます。すなわち、この時期の感情調整は養育者主体であると考えることができます。

　生後3ヵ月頃からは、乳児は相手の表情を区別し始めるようになります。そして、生後7ヵ月頃には、人の声や表情を手がかりに感情を区別することができるようになります。また、先にみたようにこの時期に乳児は一次的感情を表出し始めることによって、養育者と感情を通じたやりとりを行い始めます。たとえば、乳児が喜びの表情を見せることによって、養育者がもっと喜ばせようとあやしたり話しかけたりするといったやりとりや、乳児が泣いている時に養育者が穏やかな声をかけたりするといったやりとりがみられます。こうした子どもの感情に養育者が合わせていくやりとりは**情動調律**（affect attunement）と呼ばれ、感情発達において重要な役割を果たします。

　1歳頃には、乳児は表情の意味を理解できるようになります。たとえば、どうするべきかわからない状況に置かれた時、乳児は自分の行動を選択するための手がかりとして他者の表情をうかがうようになります。これを**社会的参照**（social reference）といいます。危険に見えるところに近づいたり、見知らぬ人が近寄ってきたりすると、乳児はおそれの表情を見せます。しかしながら養育者が微笑んでいるのを見れば近寄っていきますし、怖い顔や不安そうな顔をしていれば近づくのをためらいます。すなわち、他者の表情から意味を読み取ることで、自分の感情や行動を調整できるようになるのです。情動調律や社会的参照からもわかるように、この時期の感情調整は養育者と子どもとのやりとり

のなかで行われるものと考えられます。

2. 幼児期の感情理解・感情調整

　1歳以降になると、物事をイメージする能力（表象能力）や記憶などの認知能力や言葉の発達に伴って、感情理解も感情調整も大きな変化が起こります。2歳頃から子どもは相手の表情を区別するだけでなく、これは喜び、あれは悲しみといったように感情のラベルづけをすることができるようになっていきます。ただし、表情の種類によってラベルづけ可能になる時期は異なり、喜びは2歳頃、悲しみは3歳頃、怒りやおそれは4、5歳頃にラベルづけできるようになります。また、感情が生起する原因についても理解することができるようになっていきます。原因理解もラベルづけと同じように、感情の種類によって理解できる時期は異なり、喜び状況は2歳頃、悲しみ状況は4歳頃、怒りやおそれ状況は5、6歳頃に理解するようになります。

　また、自己意識が発達し、自分が行動の主体であることを理解し始める1歳半から2歳頃は、感情調整を意図的に行おうとし始める時期でもあります。たとえば、不快な気持ちの時に「だっこ」と言って養育者に慰めることを求めたり、「ぱぱ、まま」と言ってそばに来るように求めたりします。すなわち、この時期には言葉を用いて、養育者を補助とした子ども主導の感情調整がみられるようになります。ただ、言葉が未発達なために自分の感情や欲求をうまく伝えられず、かんしゃくを起こすこともしばしばみられます。

　3、4歳頃には、言葉による感情調整が進んでいき、かんしゃくを起こすことも徐々に減っていきます。また、不快な感情を引き起こすものから注意をそらす、別の楽しいことを考えるなどの感情調整のやり方を養育者に教えてもらい、自分だけでも感情調整ができるようになっていきます。こうしたことを萌芽に、これ以降、子ども自身での感情調整が発達していきます。

　また認知発達によって、社会的常識や規則を自分のなかに取り込んでいき、何をしてよいのか、いけないのかを自分で判断できるようになっていきます。たとえば、期待はずれのプレゼントをもらった時に、子どもはどうするでしょうか。3歳頃の子どもは1人でいる状況ではがっかりした様子を示しますが、

プレゼントをくれた人が目の前にいる時には、笑顔を見せたり、お礼を言ったりします。すなわち、プレゼントをくれた人の前でがっかりすることは良くないことだと思い、感情表出を調整するのです。こうした社会や文化によって規定される感情表出の適切さのルールのことを**表示規則**（display rule）といいます。表示規則はほかにも「お葬式では悲しむものだ」や「勝負に勝っても喜びをできるだけ出さない」などさまざまなものがあります。3歳頃から子どもは表示規則に従った感情表出ができるようになりますが、これは表示規則に従っているだけで、「相手ががっかりするから」といったような相手の内面にふみ込んだ感情理解はまだ難しいと考えられています。

　4、5歳になると、認知能力がさらに発達することで、**心の理論**（theory of mind）が成立していき、ほかの人の内的特性や内的状態をふまえた感情理解ができるようになります。心の理論とは「人は、その人がもっている『見えない心（考えていることや知っていること、感じていることなど）』に基づいて行動している」という心のはたらきやあり方についての考え方のことをいいます。こうした認知発達の結果、4、5歳くらいになると自分が知っていることとほかの人が知っていることが異なる時に、ほかの人がどのような感情をもつか、ということも理解できるようになります。たとえば、「赤ずきんちゃん」の物語のなかで、赤ずきんちゃんがおばあさんの家を訪ねる時、自分は狼がおばあさんに変装していることを知っているのでドキドキするけれど、赤ずきんちゃんは知らないのでドキドキしない、ということは心の理論が成立することによって理

解することができるようになると考えられています。さらに、この時期には、みかけの感情と本当の感情が異なることも理解していきます。たとえば、ほかの子どもが期待はずれのプレゼントをもらった時に、笑顔を見せた理由を「そうした方がいいから」などの表示規則だけではなく、「本当はがっかりしているけれど、喜ばなかったら相手ががっかりするだろうと思っている

から」というような相手の心のはたらきをふまえた理解の上で、すなわち、心の理論に基づいた他者感情理解ができるようになっていきます。

　ここまでみてきたように、子どもたちは発達のなかで他者の感情を理解し、それをふまえた形での感情調整ができるようになっていきます。しかしながら、感情調整が得意な子もいれば、苦手な子もいるでしょう。最後に、そのような感情調整の個人差をもたらす要因をみていきましょう。

第4節　乳幼児期の感情制御の個人差に関する要因

　乳幼児期の感情調整の個人差をもたらす要因としては、子どもの内的要因として神経生理的システム（大脳や神経系の成熟）と気質そして認知能力が、外的要因として養育者のはたらきかけが考えられています（Calkins, 1994：図6-3）。ここではとくに気質と養育者のかかわりに焦点をあててみていきましょう。

1. 感情制御に影響をもたらす気質

　生後間もない時期の乳児でも、穏やかで扱いやすい子と手のかかる扱いにくい子がいます。こうした生後間もない時期からみられる行動や感情特徴に関する個人差のことを**気質**（temperament）といいます。ロスバートら（Rothbart & Bates, 2006）は、これを大脳における神経システムの個人差によってもたらされるものと考え、環境の変化に対して敏感に反応するかどうかという**反応性**（reactivity）とそれをうまく調整できるかという**自己制御性**（self-regulation）の2つの観点から気質を説明しています。自己制御性は**エフォートフル・コントロール**（effortful control）とも呼

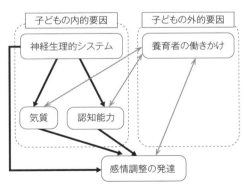

図6-3　乳幼児期の感情調整発達に関わる諸要因
（Calkins（1994）をもとに金丸（2014）が作成）

ばれ、感情制御において中心的な役割を果たすと考えられています。

　こうした生まれもった特徴はそれ自体が感情制御に影響を及ぼしますが、同時に生まれもった特徴がまわりの人のかかわり方にも影響し、それがまた感情制御に影響すると考えています。たとえば、扱いやすい特徴をもつ乳児に対しては養育者も穏やかに関わることができ、その結果、乳児の認知能力や感情調整も良好に育つと考えられます。しかし、扱いが難しい特徴をもつ乳児に対しては養育者が苛立ちや不安を感じやすく、その結果、乳児の認知能力や感情調整に悪い影響を与えてしまうことも考えられます。このように気質と環境（たとえば、養育者とのかかわり）は、相互作用的な関係にあるのです。

2.　感情制御に影響をもたらす養育者のかかわり

　すでに前節のなかで紹介した情動調律や社会的参照などのように、養育者とのかかわりはこの時期の感情理解や感情制御の発達に大きな影響を及ぼします。養育者のかかわりとして、まず子どもの感情表出に対して、養育者がそれを受け止め、返してあげるというやりとりが重要です。たとえば、子どもが笑顔を見せている時には笑顔で応えてあげたり、悲しそうな時にはその気持ちを受け止めて抱きしめながら「よしよし」と慰めてあげたりと感情的な応答をすることが、子どもの感情理解や感情制御を育んでいきます。また、生後間もない乳児はまだ感情が未分化な状態ですが、それとは関係なく「嬉しいのね」「悲しいのね」といったように、あたかも分化された感情をもっているかのように関わることが感情を育む上では重要です。このように乳児であってもすでに豊かな心の世界をもっているとみなして、心を絡めたやりとりを行おうとする関係性のことを**マインド・マインデッドネス**（mind-mindedness）といい、こうしたやりとりが乳児の感情を育んでいきます。

　また、乳幼児は不快な感情を感じた時に、自分ひとりでは対処が難しいため、養育者のそばに行くことで感情を落ち着かせようとします。こうした、不快な感情をもった時に安心感を求めて特定の誰かのそばにいくという傾向を**アタッチメント**（attachment）と呼びます（Bowlby, 1969）。たとえば、乳児が不安やおそれを感じている時に、養育者に対して手を伸ばしたり、しがみついた

り、泣いたり、後を追ったりすることはアタッチメントの現れであると考えられています（アタッチメント行動）。そして、不快な感情をもった時に、適切に慰めてもらえるという経験をくり返すことで、「自分がつらい時には、きっとその人は自分を落ち着かせてくれるんだ」という基本的信頼感が育っていきます。また、3歳前後から、養育者がそばにいなくても自分だけで感情調整ができるようになっていきますが、それは認知発達によって、こうした基本的信頼感が認知的に確固たるものになるからだと考えられています。こうした確固たる信念のことを**アタッチメントの内的作業モデル**（internal working model of attachment）といい、良好なアタッチメントの内的作業モデルを形成することが、その後の良好な感情発達や対人関係に影響を及ぼすことが明らかにされています。

　次に、乳幼児に対して感情について話すことも重要です。たとえば、絵本を読んでいる時に「今、この子はどんな気持ちかなあ」と問いかけたり、「悲しいっていうのはこういう時に感じて、怒るっていうのはこういう時に感じるものだよ」と感情についての知識を話したりすることで、子どもの感情理解は深まっていきます。また、幼児期には子どもが直面している問題について養育者が一緒に考えるという**感情についてのコーチ**（emotional coaching）が大切だと考えられています。子どもの感情に気づき、子どもの感情を無視したり批判したりするのではなく共感的に聞き、養育者が子どもの気持ちを言葉で言い換えて伝え、一緒に解決策を考えるなかで、感情理解や感情制御についての力を育むことができると考えられています。

　すなわち、乳児期においては子どもの感情をなぞり、調整してあげることが重要であり、幼児期においては感情に関する知識を教えてあげたり、感情の表現を助けてあげたりすることが、養育者のかかわりとして重要です。そして、これらのかかわりのためには、未発達ではあるものの、子どもは心をもった存在であり、いろいろなことを感じたり、考えたりする存在なのだととらえることが必要です。このように、養育者が子どものことを「心をもった存在である」ととらえる能力のことを**メンタライゼーション**（mentalization）といいます。

　そして、幼児期後期には養育者とのかかわりだけでなく、同年代の仲間との

かかわりも重要になってきます。とくに仲間とのいざこざを経験することが、感情を理解したり、調整したりする練習の場になります。養育者にとって大事なことは、いざこざを起こさせないことではなく、子どもがそのいざこざをうまく乗り越えられるように見守りつつ、手助けをすることです。

 第5節 ま と め

感情の発達、感情理解、感情制御は子どもの良好な発達に重要な要素の1つです。児童期以降において、これらの力はさらに発達していき、対人関係のなかでの重要さを増していきます。だからこそ、その基盤となる力を乳幼児期でしっかりと育むという視点が大事なのです。

(村上　達也)

ANSWER：感情発達の理論モデルで紹介したように、「恥ずかしい」という感情を経験するのは、自分が他者からどのように見られているかという自己意識が発達する1歳半頃からであると考えられています。

＊さらなる学び：「自分が他者からどのように見られているか」という自己意識が成立しているかどうかは、どのように実験や観察で確認されるのでしょうか。自身で考えた上で、調べてみましょう。

【引 用 文 献】

Bowlby, J.（1969）. *Attachment. Attachment and loss: Vol. 1. Loss.* Basic Books.

Calkins, S. D.（1994）. Origins and outcomes of individual differences in emotion regulation. *Monographs of the Society for Research in Child Development, 59,* 53–72.

金丸智美（2014）. 情動制御の発達に関わる諸要因　遠藤利彦・石井佑可子・佐久間路子（編）よくわかる情動発達（pp.88-89）　ミネルヴァ書房

Kopp, C. B.（1989）. Regulation of distress and negative emotions: A developmental view. *Developmental Psychology, 25*(3), 343–354.

Lazarus, R. S.（1991）. *Emotion and adaptation.* Oxford University Press.

Lewis, M. (2008). The emergence of human emotions. In M. Lewis, J. M. Haviland-Jones, & L. F. Barrett (Eds.), *Handbook of emotions* (pp. 304–319). The Guilford Press.

Mayer, J. D., & Salovey, P. (1997). What is emotional intelligence? In P. Salovey & D. J. Sluyter (Eds.), *Emotional development and emotional intelligence: Educational implications* (pp. 3–34). Basic Books.

Rothbart, M. K., & Bates, J. E. (2006). Temperament. In N. Eisenberg, W. Damon, & R. M. Lerner (Eds.), *Handbook of child psychology: Social, emotional, and personality development* (pp. 99–166). John Wiley & Sons Inc.

【コラム4】発達心理学と対人援助職：乳児院の現場から

　白衣やシャツではなく、ジャージにエプロン！　子どもたちの暮らしている部屋に行き、一緒に遊び、時には授乳や食事介助も。病気の子がいれば車で送迎し、調剤薬局で薬を受け取る。保護者の面会があれば部屋に案内し立ち会い、児童相談所のケースワーカーとのカンファレンスがあれば参加する…そんなこんなであっという間に今日も終業時間！

　乳児院とは、児童福祉法第37条に規定されている児童福祉施設です。そこでは、虐待や保護者の精神疾患などさまざまな理由で保護者と生活ができない、0歳からおおむね3歳までの子どもたちが生活しています。

　乳児院における心理職の主な役割はQR6-1にまとめられています。私は冒頭の活動のなかで、これらの役割を果たしているわけです。

QR6-1　乳児院における心理職の役割（社会福祉法人全国社会福祉協議会・全国乳児福祉協議会, 2014）

　この仕事をしていると、子どもたちの成長を間近でつぶさに見守ることができます。その子どもたちが、いろいろありながらも家庭に帰ったり、里親に引き取られたりすると、自然と笑みがこぼれます。一方で、言葉をしゃべらない、しゃべっても拙い子どもたちであるがゆえ、アセスメントや支援には難しさもあります。

　そのようななかで基盤の一部となるのが発達心理学です。そのなかでもピアジェ、ボウルヴィは私にとっての二大巨頭です。詳細は第2章と第5章にありますが、ピアジェの発達段階説は乳幼児と関わる際には不可欠ですし、ボウルヴィの愛着理論は複雑な環境で育った子どもたちだからこそ、必須のものです。また、これは発達検査ですが、遠城寺式・乳幼児分析的発達検査表は1つの発達指標としてとても便利で参考になります。暗記してもいいくらいです。語呂合わせもあるみたいなので、覚える時には探してみてください。

　2020年の現在、乳児院含め児童福祉施設は「多機能化」をテーマとして、大きな変換期を迎えています。乳児院も今後、より多様な機能を求められていくことでしょう。そのなかで、入所している子どもやその保護者、里親に対する心理支援等、公認心理師の専門性をよりいっそう発揮する機会も増えていくことと思います。「乳児院の心理職」に関心をもってもらえたら幸いです。入所した時は新生児だった子が、成長して「やまももさん」（やまもとの発音は難しい）と言ってくれた時のかわいさ、嬉しさ、たまらないですよ！

（山本　耕太）

児童期の発達① 7

〜学びの発達〜

QUIZ：左の図に示す線を使って、できるだけ多くの具体的な絵を描いてください。

第1節　児童期とは？

　発達心理学における**児童期**とは、およそ小学生の時期と一致します。小学校に入学すると、「勉強が始まる」、「新しいお友だちと出会う」といった、主に学校にまつわる心配ごとが増える時期かもしれません。エリクソンによると、児童期はプラスの力として「勤勉性」、マイナスの力として「劣等感」があり、人格的活力として「有能」が獲得されるとされています（第2・12章参照）。またフロイトは児童期を潜伏期と呼び、性的関心が収まり、学習や社会化に注力する時期であると考えました。

　教室では漢字や計算のテスト、体育では徒競走の順位、図画工作では絵画や工作のうまい下手など、クラスメイトとさまざまなことを比べる（社会的比較；social comparison）ようになる時期でもあります。ほかの子どもと比べて何か秀でた部分を見つけられると、「頑張ろう」と思えるでしょうし、そういったことがらが見つからないと、「自分はダメだなぁ…」と感じることでしょう。本章では児童期の発達のうち、学習の発達とそれを支える心理学の理論についてご紹介します。

第2節　学びを支える認知の発達

1. 児童期とピアジェの発達理論

　さまざまな概念をどのように獲得していくのかについては、ピアジェの理論が参考になります。ピアジェの発達理論（第2章ならびに第5章参照）では、児童期は**具体的操作期**（concrete operational period）にあたります。具体的操作期で

は、自分が見ている世界の見方とほかの人が見ている世界の見方が異なること
を理解できるようになります（これを脱中心化といいます）。また、具体的なモノ
を使って、論理的に物事を考えることができるようになるとされています。た
とえば、小学校の算数を思い出してください。「りんごが3つ、みかんが4つ
あります。全部でいくつ、ありますか？」という問題では、具体的対象を用い
ながら、足し算や引き算を学習していきます。

　また、小学生の時期には、「大きいものや重いもの、長いものから順に並べ
る」などの系列化や、「りんごとみかんは果物に含まれる」といったクラス包
摂という概念を身につける時期でもあります。発泡スチロールのような、体積
が大きく軽い物体が含まれていても、重さという観点で正しく並び替えること
ができるようになるのです。中学生になると、具体的な事象だけでなく、より
高度な水準で物事を考えることができるようになります。たとえば、中学校で
はりんごやみかんの代わりに x や y といった文字を用いて計算を行うように
なります。このように、抽象的な概念を用いて計算や推論ができるようになる
時期を、ピアジェは**形式的操作期**（formal operational period）と呼びました。

2. 考えることについて考える：メタ認知の発達

　また、児童期になると、自分が考えていることをふり返り、それをふまえて
考えをさらに深めることができるようになります。このように、自分の認知に
関する認知を**メタ認知**（meta cognition）と呼びます（図7-1）。たとえば小学生で
は、「私は算数が苦手だから、明日のテスト勉強は算数をしっかりやらなく
ちゃ」といったように、自分の状態をふり返り（メタ認知的知識）、それに基づ
いて行動する（メタ認知的活動）ことができるようになります。

　メタ認知を発達させるためには、自分のことを客観的にみることができるよ
うな認知能力の発達が必要になります。このことは、ピアジェが述べた脱中心
化とも関係します。また、見通しや計画性をもって物事に取り組むことも必要
になります。こうした能力は、ちょうど小学校中学年頃に獲得されると考えら
れています。この点でつまずくと、学習や対人関係でうまくいかないことが増
え、この時期を乗り越えて成長することが難しくなる場合があります。このこ

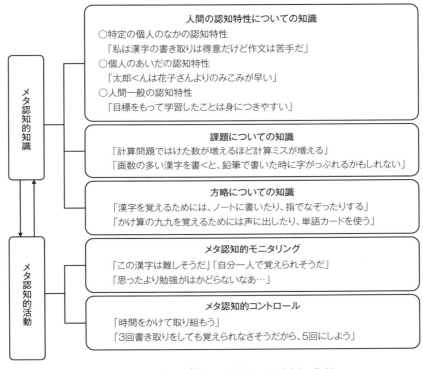

図7-1　メタ認知の分類 (三宮（編）(2008) をもとに作成)

とは「9歳の壁」（あるいは10歳の壁）と呼ばれています。

 ## 第3節　「頭が良い」とは：知能の発達

1. そもそも、「知能」とは？

　そもそも、「頭が良い人」とは、どのような人を指すのでしょうか。学校のテストで高い点をとる人でしょうか。やるべきことをスピーディーにこなす人のことでしょうか。テレビのクイズ番組でたくさん正解するような、知識をたくさんもっている人でしょうか。尋ねる相手によって、答えはまったく異なるかもしれません。

③

　実は心理学のなかでも、「**知能**」(intelligence) の定義はさまざまあり、また時代とともに変化しています (図7-2)。知能を構成する多数の概念をより少ない要素にまとめる研究が、20世紀初頭からさかんに行われています。たとえばスピアマン (Spearman, C.) は、知能は一般的知能因子 (すべての知的活動に共通して働く基本的な知能) と特殊因子 (特定の課題や領域ごとに固有に働く知能) の2つから構成されるという、二因子説を唱えました。またサーストン (Thurstone, L. L.) は、知能は7つの基本的な精神能力から構成されるという、多因子説を提唱しています。そしてキャッテル (Cattell, R. B.) は、**流動性知能** (fluid

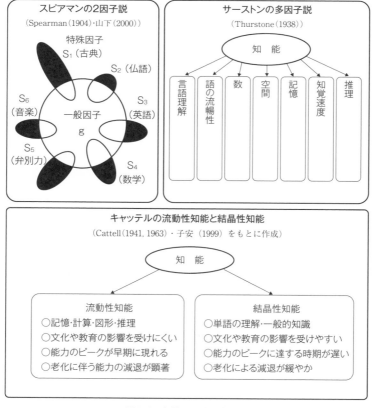

図7-2　知能に関する考え方

intelligence）と**結晶性知能**（crystallized intelligence）の 2 つの知能を提唱していま
す。流動性知能とは、新しい場面への適応を必要とする際に働く、計算や図
形、推理などの能力のことを指します。一方、結晶性知能とは、これまでの経
験を活かして行われる判断や習慣、知識を含みます。近年では、1 つの一般的
能力因子のもとに（流動性知能や結晶性知能、短期記憶や聴覚的処理を含む）10 の広
義の因子を想定している CHC 理論も提唱されるなど、**知能の構造**（多重知能）
に関する議論と研究は今日にわたって続けられています。

2．知能を測る

　では、その知能はどのように測定されるのでしょうか。一般に、知能の測定
には知能検査が用いられます。知能検査には、検査者と受検者が 1 対 1 で実施
する個別式と、検査者 1 名に対して受検者が複数で実施される集団式がありま
すが、日本で頻繁に用いられる個別式知能検査には、ビネー式とウェクスラー
式の 2 種類があります（図 7-3）。

ビネー式知能検査
（田中・ビネー式知能検査V）
○精神年齢の考え方を用いる
○全般的な知能指数（IQ）を算出

$$IQ＝\frac{精神年齢}{生活年齢}×100$$

○対象年齢：1歳～成人
　ただし、成人では偏差の考え方によるIQ
　を算出

ウェクスラー式知能検査

○偏差の考え方を用いる
○全般的な知的能力に加え、
　複数の指標得点を算出
○対象年齢に応じた3種類
　WPPSI-III ：2歳6ヵ月～7歳3ヵ月
　WISC-IV　：5歳0ヵ月～16歳11ヵ月
　WAIS-IV　：16歳～89歳

図 7-3　2 つの知能検査

（1）ビネー式知能検査

　1905 年、フランス人のビネー（Binet, A.）がパリ市当局の要請を受けて作成
した知能検査が、世界で最初の知能検査とされています。はじめは、「特定の
年齢の子どもが正答できる問題」を複数作成し、そこから子どもの精神年齢を
算出するものでした。その後、アメリカにわたって改訂が加えられ、**知能指数**

⑤

(IQ: intelligent quotient) の考え方が発展しました。一般に、知能指数は平均が100であり、生活年齢（暦年齢：生まれてからの年齢あるいは月齢）と精神年齢の比率により算出されます。生活年齢よりも精神年齢が高い場合には100以上、低い場合には100以下になるとされています。

（2）ウェクスラー式知能検査

　一方、1930年代のアメリカでは、ウェクスラー（Wechsler, D.）によりあらたな知能検査が開発されました。ウェクスラー式の知能検査では、ビネー式のような精神年齢の考え方ではなく、偏差（同年齢の人と比べた時の受検者の知的水準）から、その人の知能指数を算出する方法が採用されました。これにより、同年齢の人たちと比べた時に、受検者がどの程度の知的能力を有するのかを明らかにすることができます。現在では年齢ごとに3つの検査（主に幼児はWPPSI、小中学生はWISC、高校生以上はWAIS）が標準化されています。

　ウェクスラー式検査のもう1つの特徴は、受検者の複数の側面について、それぞれの合成得点が算出される点にあります。つまり、受検者のなかで得意な能力とそうでない能力があり、それらのあいだの差の有無を明らかにすることができるのです。簡単にいえば、ウェクスラー式知能検査は、その人がもつ複数の知的能力のそれぞれに関して、得意・不得意が明らかになる検査であるといえます。たとえば英語の学習をする際、耳で聞いたことを覚える方が得意な人は、CDやラジオの英会話講座を活用するとよいでしょう。一方、目で見ながら指で書き写して覚えることが得意な人は、英単語をたくさん書いた方がよりよく覚えることができるかもしれません。

　ここにあげた2つの検査以外にも、知能を測定するさまざまな検査が開発されています。いずれの知能検査も、学習のつまずきの原因を明らかにし、それを支援する際の手がかりとして、教育相談や発達相談をはじめとする心理臨床の現場で役立てられています。

3. 創造性の発達

　さて、再び「頭の良さ」について考えてみましょう。学校の勉強では、たとえば「3+2の答えは？」といった、唯一の答えを求めるような思考法（**収束的思**

考：convergent thinking）が多いのではないでしょうか。一方、「2つの数を足して5になる組み合わせは？」という問題では、答えは1つだけではなく、さまざまな組み合わせが想定されます（これを**拡散的思考**：divergent thinking といいます）。もちろん、「3+2」の答えを求められるようになることは大切ですが、こうした唯一の答えを求める計算は、今日のコンピュータではたやすく解くことができます。人間が人工知能（Artificial Intelligence: AI）に仕事を奪われてしまう可能性が指摘されている現代社会では、とくにオリジナリティのあるアイディアや商品を生み出せる人材が求められるようになってきているようです。学校のなかで行われる学習において求められるような知的能力の高さだけでなく、柔軟な考え方や想像力を膨らませて考えることもまた、社会を生きていく上では重要な能力なのではないでしょうか。

　心理学のなかでは、ユニークな解決方法を支える認知活動を**創造性**（creativity）と呼び、研究が行われてきました。冒頭のQUIZは、創造性を測る検査の1つです。みなさんはいくつ絵を描くことができたでしょうか？　創造性は30代にかけて高まっていくことが知られていますが、児童期では、小学4年生頃に一度低下する時期があるとされています（山下 , 2000）。理由は複数考えられますが、その1つとして、周囲の人からどう見られるかを気にし始める年齢であることをあげることができます。児童期は、さまざまなものや概念にふれて、その使い方や意味を理解していく時期にあたります。柔軟な思考や型にはまらない考え方が多分に残っている時期であるともいえますが、一方で、「こんな絵を描いたら友だちにバカにされる」、あるいは「先生に怒られる」という思いが先に立つと、創造性はしぼんでしまうかもしれません。また創造性は、知能検査で測定することはできません。つまり、一口に「頭が良い」とはいっても、すべてが知能検査で測定されるとは限らないのです。現代社会で生きていくためには、知的能力だけでなく、創造性を含めた総合的な人間の能力を伸ばしていくことが求められると考えられます。

第4節　学びに向かう気持ち：学習意欲

1. 動機づけ

　そうはいっても、小学生においては、やはり勉強ができる児童はクラスメイトからあこがれのまなざしを向けられると思います。学習成績を上げるためには、学習に取り組むことが求められますが、まずはどうやって「やる気」を高めるかが重要になります。この「やる気」、心理学では**動機づけ**（motivation）と呼ばれます。一口に動機づけといっても、表7-1に示したように、学習に向かう動機づけは人それぞれです。このうち、「勉強が楽しいから」や「新しいことを知りたいから」といった、報酬（ごほうび）に左右されない、活動に対する好奇心や興味・関心によってもたらされる動機づけは、**内発的動機づけ**（intrinsic motivation）と呼ばれています。一方で、「ほめられたいから」や「叱られたくないから」、「自分の将来のため」など、賞罰、強制、義務といった、外部からのはたらきかけによってもたらされる動機づけは**外発的動機づけ**（extrinsic motivation）と呼ばれています。一般に、内発的動機づけの方が、学習がはかどるように思えますが、外発的動機づけのなかにもその後の学習成績（テストにおける得点）や継続した学習を高めるものがいくつかあります。表7-1にある外発的動機づけ（表中の③から⑩）も、詳しく見てみると、その内容が多岐にわたっていることに気づくでしょうか。

　動機づけの研究では、はじめは外発的動機づけと内発的動機づけの2つの観点から説明されていましたが、外発的動機づけの概念が幅広く、一括りにすることの難しさが指摘されるようになりました。これを受けて、ライアンとデシ（Ryan, R. M. & Deci, E. L.）は、より詳細な理論化を行いました。彼らが提唱した自己決定理論と呼

表7-1　勉強する理由（外山, 2011）

① おもしろくて楽しいから
② 新しいことを知りたいから
③ 先生や親に叱られるから
④ 先生や親にほめられるから
⑤ 勉強ができないと恥ずかしいから
⑥ 良い成績をとりたいから
⑦ 自分の夢や目標のために必要だから
⑧ 良い高校や大学に入りたいから
⑨ 自分の能力を高めたいから
⑩ 知識を得ることで幸せになれるから

ばれる理論は、動機づけの概念をさらに幅広く理解しようとする、包括的な理論です。

2. 動機づけを左右するさまざまな影響

(1) ごほうびの有無と与え方

動機づけの種類は先ほど述べた通りですが、学習意欲を左右するいくつかの要因があります。1つはごほうびの与え方です。「絵を描いたらごほうびをあげるよ」と事前に声かけしていた子どもたち、はじめは何も伝えず、絵を描いたことに対して突然ごほうびを与えた子どもたち、ごほうびをあげなかった子どもたち、の3つのグループの子どもたちが、その後の自由時間にどの程度お絵描きを継続したかという実験があります (Greene & Lepper, 1974)。その結果、事前にごほうびを予告していたグループの子どもたちは、実際にごほうびを受け取った後、絵を描く時間が短くなったことが報告されています。つまり、報酬をもらえるという予告を行うことで、その報酬が得られた後、内発的動機づけによる（お絵描きという）行動が減少してしまったのです。この結果はのちに、多くの研究によって支持されるようになりました (Deci et al., 1999)。

また、ほめることとその効果についても、心理学ではさまざまな研究が行われています。叱られたグループや放置されたグループよりも、ほめられたグループの子どもたちの方が、その後の学習成績が高まる (Hurlock, 1925) ことは、想像に難くないかもしれません。しかしながら、何をほめられるかによって、その後の動機づけは大きく変わります。1回目に問題を解いた後、頭の良さをほめられた子どもたちと努力

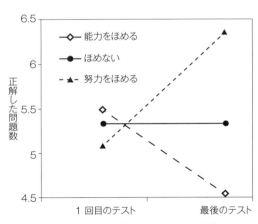

図7-4 各グループにおけるテストの成績
(Mueller & Dweck, 1998; 外山, 2011)

をほめられた子どもたち、そしてほめられることがなかった子どもたちで、その後の問題の成績がどのように変化したかをまとめた研究があります（Mueller & Dweck, 1998）。その結果、1回目のテストで努力をほめられた子どもたちは、最後のテストにかけて成績が高まりました。一方能力をほめられた子どもたちは、その成績が低下していくことが明らかとなりました（図7-4）。どのようにほめられるかということもまた、パフォーマンスに影響を与えることがわかります。

（2）教師のかかわり

児童の動機づけを左右するもう1つの要因として、ここでは教師のかかわりをあげたいと思います。ローゼンサールとジェイコブソン（Rosenthal, R. & Jacobson, L.）は、次のような実験を通じて、教師の期待が子どもたちの学習成績を高めることを明らかにしています。

まず研究者が教師に対し、子どもたちに知能検査を実施したことを伝え、その成績を教師に見せました。ただし、研究者が教師に伝えた子どもたちの成績は実際の検査結果とはまったく異なるランダムなものでした。しかしながら、その8ヵ月後にテストを実施したところ、教師が期待をもった子どもの成績が高い向上を示していることがわかったのです。詳しく調べてみると、でたらめな検査結果に基づき、「この子は優秀ですよ」と伝えられた子どもに対し、教師たちはヒントを与えたり、質問を簡単に言い換えたり、子どもたちが答えに困っている時に長い時間待ってあげるなどの行動が見られたそうです。このように、教師の期待が児童の成績を左右することを、**ピグマリオン効果**（あるいは**教師期待効果**）といいます。

小学生にとっては、身近なおとなとして、教師の存在は非常に大きく、先生が子どもたちにどのように関わるかという点についても、児童の発達においては見過ごせない要因であると考えられます。次章では他者とのかかわりを含めた児童期の発達について、もう少し詳しく取り上げます。

第5節 ま と め

　本章では、児童期の発達のうち、学びを左右する認知発達や知能、動機づけについて概説しました。2種類の主要な知能検査と創造性の発達、2種類の動機づけとそれを高める、あるいは低下させる要因についても説明しました。次章では、本章に引き続き、児童期における対人関係の発達について紹介します。

（藤原　健志）

ANSWER：正しい答えはありません。反応例を各ページの四隅にあげてあります。①、②、⑧、⑩は平凡な反応、④、⑥、⑦、⑪は立体的にとらえた反応です。絵の数からは円滑さ、絵の多様性からは柔軟性を調べることができます（穐山・堀・古賀, 1968）。

＊さらなる学び：
　①ピアジェの認知発達説では、青年期までを4つの発達段階にまとめています。ほかの章も参考にしながら、時期や特徴をあらためてまとめてみましょう。
　②知能の測定に関しては、本章で取り上げなかった検査も複数開発されています。第9章も参考にしながら、とくに児童青年の学習支援に有効な知能検査について調べ、その特徴をあげてください。

【引 用 文 献】

Cattell, R. B. (1941). Some theoretical issues in adult intelligence testing. *Psychological Bulletin, 38,* 592.

Cattell, R. B. (1963). Theory of fluid and crystallized intelligence: A critical experiment. *Journal of Educational Psychology, 54,* 1-22.

Deci, E. L., Koestner, R., & Ryan, R. M. (1999). A meta-analytic review of experiments examining the effects of extrinsic rewards on intrinsic motivation. *Psychological Bulletin, 125,* 627-668.

Greene, D. & Lepper, M. R. (1974). Effects of extrinsic rewards on children's subsequent intrinsic interest. *Child Development, 45,* 1141-1145.

Hurlock, E. B.（1925）. An evaluation of certain incentives used in school work. *Journal of Educational Psychology, 16,* 145-159.

穐山貞登・堀洋道・古賀俊恵（1968）．創造性研究ハンドブック　誠信書房

子安増生（1999）．知能　中島義明・安藤清志・子安増生・坂野雄二・繁桝算男・立花政夫・箱田裕司（編）　心理学辞典（p.579）有斐閣

Mueller, C. M., & Dweck, C. S.（1998）. Praise for intelligence can undermine children's motivation and performance. *Journal of Personality and Social Psychology, 75,* 33-52.

三宮真智子（編）（2008）．メタ認知──学習力を支える高次認知機能──　北大路書房

Rosenthal, R. & Jacobson, L.（1968）. *Pygmalion in the classroom: Teacher expectation and student intellectual development.* New York: Holt, Rinehart, & Winston.

Ryan, R. M. & Deci, E. L.（2017）. *Self-determination theory: Basic psychological needs in motivation, development, and wellness.* New York: Guilford Press.

Spearman, C.（1904）. "General intelligence," objectively determined and measured. *American Journal of Psychology, 15,* 201-292.

Thurstone, L. L.（1938）. *Primary mental abilities.* Psychometric Monographs, No. 1. Chicago: University of Chicago Press.

外山美樹（2011）．行動を起こし、持続する力──モチベーションの心理学──　新曜社

山下直治（2000）．知能と創造性　新井邦二郎（編）図でわかる学習の発達の心理学　（pp.57-70）　福村出版

児童期の発達②

～人とのかかわりの発達～

QUIZ：「小学3年生のかなこちゃんは、友だちのよしこちゃんを叩きました」このエピソードを聞いて、あなたはかなこちゃんの行動は「問題行動」だと思いますか？　かなこちゃんのかかわり方は「発達的に幼い」でしょうか？

 第1節　児童期における人とのかかわりの発達

1. 社会性の発達

（1）共感性と役割取得と向社会的行動

　保護者を対象に実施されているアンケートでは、「どんな子どもに育ってほしいですか？」という問いに対して「思いやりのある子」という回答がとても多くみられます。人の気持ちがわかり、優しくふるまうことができる子になってほしいと願うおとなは多いのでしょう。このように相手の気持ちを理解することは**共感性**（empathy）と呼ばれ、1～2歳頃からさまざまな状況での他者の感情に共感できるようになることがわかっています。また、たとえば母親が痛がっている様子を示すと、心配そうに見に来たり、痛いところをさすったりするような共感的行動もこの時期に増えていきます。

　幼児期から児童期にかけて、共感性の発達とともに他者理解（**役割取得**：role-taking）ができるようになってきます。他者の立場について理解できるようになることによって、より親密に相手の心に寄り添ったり、目の前にいない他者の境遇に共感したりすることができるようになります。共感性と他者理解の双方の発達の結果、児童期になると**向社会的行動**（prosocial behavior）の頻度が多くみられるようにもなります。

　しかし、共感性と他者理解は相互に補いあうような関係で向社会的行動に結びつくことがわかっており、共感性があっても他者理解に欠ける場合はその行動が空回りに終わったり、他者理解があっても共感性がない場合は、向社会的行動が阻害され、時には他者理解が他者を陥れるための攻撃行動や反社会的行

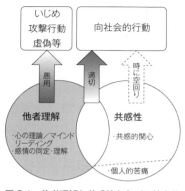

図8-1 他者理解と共感性ならびに社会的
行動の関係（溝川他，2015 より）

動に悪用されたりすることがあります（溝川・子安，2015）。図8-1 に示したように、適切な形で向社会的行動を発揮するには他者理解と共感性の両方が重要です。

向社会的行動は一般に、他者の利益を意図した自発的な行動と定義されています。伊藤（2004）によると、7歳から9歳にかけて向社会的行動の出現は、「向社会的に行動すべき」という価値観に影響を受ける段階から、価値観だけでなく「向社会的にふるまうことができる」という効力感からも影響を受ける段階へと発達的に変化することが示唆されています。海外の研究では一般的に小学校高学年から中学生にかけて向社会的行動の頻度は増える傾向があることが報告されていますが、日本の研究では小学校高学年では向社会的行動の出現頻度が高いのに対し、中学生になると出現頻度が低くなるという傾向がみられます（村上・西村・櫻井，2016）。

出現した向社会的行動に対して、向社会的特性を賞賛された子どもは、行動そのものを賞賛された子どもや賞賛を受けなかった子どもよりも自己に対するポジティブな感情得点が高いことがわかっています（伊藤，2004）。また向社会性が高いことは、後の自尊心の高さや攻撃性の低さ、また抑うつや問題行動のリスクが低いことや、他者に好まれることと関係しており、学業達成を促進させるといわれています（村上他，2016）。したがって、児童期の向社会的行動の発達は後の精神的健康や適応に重要だといえます。

向社会的行動の類似概念として、**愛他行動**（altruistic behavior）や**協調性**（cooperativeness）があります。愛他行動は向社会的行動の1つのサブタイプであり、向社会的行動のうち他者への関心に基づいているものや、物質的あるいは社会的な報酬よりも、自己の内在化された道徳的価値観に基づいているものを指します。愛他行動は小学校高学年頃に多くみられるようになりますが、加齢とともに直線的に増加するわけではなく、たとえば受験などの状況要因によ

り共感性が低下すると、それに連動して低下することもあります（浅川・八尋・浅川, 2008）。協調性は非利己的で、他者に対して受容的、共感的、友好的に接し、他者と競いあうのではなく、譲りあって調和を図ったり協力したりする傾向と定義されます。協調性は児童期初期からある程度安定した特性として観察されることがわかっています（登張, 2010）。

（2）道徳性と規範意識の発達

道徳性発達（moral development）においては社会的規範に基づく道徳的判断が発達的にどのように変化するかについて検討することが多いですが、松永・高橋・峰岸（2007）によると、小学2年生では状況を問わず「絶対にしてはいけない」という道徳的判断がなされるのに対して、小学4年生頃から6年生にかけて状況により異なる社会的規範の判断を行うことが示されました。このように、児童期も後期になるにつれて、状況場面に合った規範に基づく柔軟な判断ができるようになってきます。また、塩見・橋詰・Bear・Manning（2006）によると、小学生の道徳的理由づけは、はじめは「叱られるから」、「注意されるから」といった教師との関係や力関係に大きく関係していますが、年齢が上がるにつれ友だちとの関係性に配慮した理由づけ（相手を傷つける、友だちをなくすなど）がみられるようになります。このように道徳的判断において、他者への配慮が大きな要因となる過程には、のちに述べる友人関係の発達・形成も関係していると思われます。

　人によって意見や判断が異なるということは多々ありますが、たとえば、「他者を殴ってもいいか」という道徳的な内容や、「鉛筆は宙に浮くか」といった事実を示す内容については、年齢を問わずに「正しい答えは1つである」という絶対主義的解答がみられます。一方で、「朝食は和食がいいか洋食がいいか」といったあいまいな内容や、「アイスクリームは美味しいか」といった好みについては、年齢が上がるにつれて相対主義的解答が多くなることがわかっています（長谷川, 2014）。このように、自身の考えと異なる意見に対する寛容性については年齢が上がるほど高まると考えられますが、道徳領域での価値判断については、年齢が上がるほど異なる意見を許容しない傾向が強まることが示唆されています。今後価値観がさらに多様化していく社会のなかで、多様性

への寛容をどのように養っていくか、心理学的研究による貢献が期待されています（松尾 , 2016）。

　「最近の子は規範意識が低い」という言葉を時々耳にすることがありますが、現代の子どもたちの**規範意識**（moral consciousness）は本当に低下しているのでしょうか。山岸（2006）は約束を守るかどうか葛藤する状況においてどう判断するかを小学生に問いました。1981 年の結果と比較したところ、現代の小学生においても変わらず、学年が上がるにつれて守る必要性の高い約束ほど守るようになり、またおとなの命令や依頼があっても従わずに友だちとの約束を守るようになることがわかりました。また、自己中心的な理由で約束を破棄しないことや、他者の緊急事態において約束を破棄して自分の責任を果たすような傾向は低学年においてもみられ、学年差がないという点も変わっていませんでした。櫻井（2011）も同様に、1984 年から 2008 年にかけて定期的に道徳判断の発達について検討を行いましたが、年齢の上昇とともに判断の発達段階が高くなるという結果が一貫して得られていることからも、現代の子どもたちの道徳性や規範意識が昔と比べて低下しているというわけではないようです。

2．仲間関係の発達

　子どもは幼児期から児童期にかけて、仲間との遊びを中心とした相互作用を通して、自己の要求を抑制したり主張したりする自己調整能力を身につけ、社会的秩序や常識、法律などを順守する認識力を育みます。またさまざまな役割を担うことでその場の状況や集団特性に適合して対応できる柔軟性を培い、譲歩と主張の均衡を図りながら関係性を修復する問題解決能力を得ると考えられています（塚原 , 2011）。したがって、この時期に形成する仲間との関係は社会性の発達にとって重要な役割を果たしているといえます。

　國枝・古橋（2006）が実施した、小学 2 年生、4 年生、6 年生を対象とした調査によると、友人の数は学年が上がるにつれて多くなり、同学年の友だちだけではなく他学年の友だちも増えていきます。高学年になると第二次性徴を迎え異性よりも同性の仲間と遊ぶことが増えることがこれまでの研究では報告されていましたが、最近の研究では異性とも遊ぶようになってきたことがうかが

え、國枝他（2006）の調査でも2年生より6年生の方が異性の友だちが多いことが示されています。また、同性に加えて異性の仲間がいる児童生徒は適応状態も良いことがわかっています（黒川・三島・吉田, 2008）。

　学年が上がるにつれて、秘密を話す機会や秘密を話せる友だちが増え、大事な友だちの数も増えていきます。このように友だちの重要性については、年齢とともに量・質ともに変化します（國枝他, 2006）。とくに高学年は友人関係が大きく変容する時期であり、特徴として3〜6名の少人数で構成される、固定化されたギャング・グループといわれる仲間集団を形成するようになります。ギャング・グループはその後、思春期前半にチャム・グループ、思春期後半にピア・グループと変化していくとされていますが（表11-2参照）、より最近の研究では、児童期から青年期にかけて必ずしもギャング・グループからチャム・グループに変化するわけではないことや（黒沢・有本・森, 2003）、ギャング・グループはほとんどみられないという報告もあります（國枝他, 2006）。さらに、最近の**仲間関係**（peer relationships）は、友だちと何でも話しあえ、時に摩擦を起こし、解消していくことで成熟化していくような関係ではなく、表面的な同調で周囲に合わせるという心的過程が強く働いていることも指摘されており（塚原, 2011）、仲間関係のあり方そのものが時代とともに変化してきているのかもしれません。

　ギャング・グループが形成されるかどうかはさておき、児童期後期に特定の友人に対する親密性が高まることは確かなことです。その一方で、自分の仲間集団以外の他者や異質な特徴をもった他者に対する排他性が高まるのもこの時期であり、だからこそ仲間集団に所属できるかどうかは登校意欲や学校での適応に影響を及ぼすことや、いじめなどさまざまな対人トラブルの原因にもなります（三島, 2004）。いじめや不登校は小学校高学年から中学にかけての期間に急増するといわれますが（第10章参照）、それはこの時期に形成される仲間関係の親密性と排他性という特徴とも密接に関連していると思われます。

　しかしながら、この時期の子どもがみんな排他的というわけではなく、異なる集団に属していたとしても、うまく関係を築く子どももなかにはいます。このように、仲間でない他者と集団の境界を越えて相互作用をする可能性のこと

を「集団透過性」といいますが、集団透過性の高い児童生徒ほど学習への意欲
や態度が良く、また異なる他者への受容性の高さは、多様な他者と関わった経
験、興味・関心の幅の広さ、また幅広い知識と関連することがわかっています
（松本, 2016）。このように児童期から青年期にかけて、**友人関係**（friendship）は
同質性を重視する関係から、異質性を認めあう関係へと変化していきます。

第2節　児童期の人とのかかわりと適応

　以上にみてきたように、他者理解や共感性、向社会的行動や道徳性という社
会性を育みながら、子どもたちはより広く深く仲間関係を形成していき、また
そのなかで自分と他者の違い、一人ひとりの多様性を理解して尊重できるよう
にと育っていきます。このような仲間との関係は、とくに児童期においては学
校への適応にとって非常に重要です。このことは、「学校が好き」「学校が楽し
い」という子どもたちの主観的な評価に「友人との関係」がもっとも強く関連
する要因であることからも示されています（大対・堀田・竹島・松見, 2013）。仲間
との良好な関係がどのように子どもたちの主観的な学校適応感につながるのか
ということについては、大対・大竹・松見（2007）が提唱した「学校適応アセ
スメントのための三水準モデル」（QR8-1 参照）に沿って考えていくとわかりや
すいかもしれません。

　水準1では学校での集団生活や友人関係を形成する上で必要とされる適応的
な行動をどの程度獲得しているか、また適応を阻害するような問題行動がどの
くらいみられるかに着目します。これらの行動生起の背景には、他者理解や共
感性、道徳的判断といった発達過程で獲得されるものも大い
に影響します。次に水準2では、その行動が学校環境のなか
で生み出している相互作用に着目します。友人に向けられた
向社会的行動は友人からポジティブな反応をされるという相
互作用が生じる一方、暴力行動などは仕返しや拒否などのネ
ガティブな反応を引き出します。このようにある行動がポジ
ティブな相互作用を多く生み出せば、水準3の主観的な適応

QR8-1　学校適応
アセスメントのた
めの三水準モデル

感はポジティブなものとなり、ネガティブな相互作用の割合が多くなれば主観的な適応感はネガティブなものになると想定されます。

　ここで重要なのは、適応的な行動を身につけていることそのものが大事なのではなく、その行動が適応的な形で生起するためには共感性や他者理解、道徳的判断などが十分に働く必要があり、さらに生起した行動が友人とのあいだにポジティブな相互作用を生み出すという結果に結びつかなければ、主観的な適応感にはつながらないということです。また、別の見方をすれば、少々適切でない行動であったとしてもそれを受容してくれる温かい仲間関係があれば、主観的な適応感につながることもありうるわけです。最後の節では、対人的なかかわりを豊かにし、適応を促進するために心理学的にはどのようなアプローチが可能かを考えてみます。

第3節　対人的かかわりを豊かにする心理・教育的な実践

　学校現場では依然として不登校、いじめ、非行など、対人関係における子どもたちの問題が山積しており、「治療的アプローチ」だけでは十分な解決に向かわず、予防的な取り組みが求められています（渡辺, 2014）。たとえば、視点取得能力を身につけ、道徳的価値を獲得させようとする実践としてのモラルジレンマ教育（荒木, 1993）や思いやり育成プログラム（渡辺, 2011）、非行少年における視点取得能力向上プログラム（安藤・新堂, 2013）などがその一例です。また、対人的葛藤を建設的に解決するスキルを獲得するための ICPS(Interpersonal Cognitive Problem Solving；Spivack, Platt, & Shure, 1976)、感情発達や社会性発達を統合的に取り入れた社会性と感情の学習（Social and Emotional Learning: SEL）、より直接的に対人場面での適切な行動を獲得させるアプローチとしてのソーシャルスキルトレーニング（Social Skills Training: SST）は、現在広く学校現場で実践されています。

　かつて学校現場で行われる心理・教育的な実践はいじめや怒り、ドラッグなど特定の問題に特化した予防プログラムが中心でしたが（渡辺, 2014）、最近ではより広範に発達を促すという観点からの実践がみられるようになってきまし

た。これらの実践の多くは個人の発達やスキルを高めることを目指したアプローチが中心ですが、適応は個人と環境の相互作用から成り立つものと考えるとそれだけでは十分とはいえません。最近日本でも実践が増えつつある学校規模ポジティブ行動支援（School-Wide Positive Behavior Support: SWPBS）はまさに個人の成長発達を促すだけではなく学校環境にもアプローチをし、システムとして適応を実現する考え方です（詳しくは庭山（2020）を参照）。このように子どもたちの社会性が健全に発達し、学校適応という状態を促し、さらにそれが将来的な子どもたちの幸せにつながるための心理・教育的な実践は、個人へのアプローチにとどまらず環境システムへのアプローチにまでその対象は広がってきています。

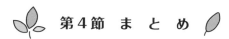

第4節 ま と め

　本章では、児童期の人とのかかわりの発達について、個人的な要因としての社会性の発達と対人的相互作用の観点から仲間関係の発達の2点を中心に概説をしました。また、それらの発達が子どもの適応にどのように関連するかをみていくことで、心理・教育的支援として何ができるか、何を求められているかを読者のみなさんが考える契機となれば幸いです。

（大対香奈子）

ANSWER：この QUIZ には「絶対に正解」というものはありません。ここで重要なのは、「かなこちゃんが叩いた」という行動だけを見て是か非か、あるいは発達的に幼いか成熟しているかという判断をしないことです。状況によく目を向けると，かなこちゃんはよしこちゃんに意地悪をされた友だちをかばうために叩いたのかもしれません。あるいは、かなこちゃんはコテコテの関西人で、直前によしこちゃんが絶妙なボケをしたことに対して、「なんでやねん！」とツッコミとして叩いたのかもしれません。人とのかかわりについての発達を理解する時も、またそれを支援する時も、その場で起きている事象を理解するミクロな視点と、それを取り囲む環境や背景といったよりマクロな視点の両方をもつことが重要です。

＊さらなる学び：学校規模ポジティブ行動支援がこれまでの実践とどのように似ていて、どのように異なるかを調べてみましょう。

【引用文献】

安藤有美・新堂研一 (2013). 非行少年における視点取得能力向上プログラムの介入効果——視点取得能力と自己表現スタイルの選好との関連—— 教育心理学研究, *61*, 181-192.

荒木紀幸 (1993). 資料を生かしたジレンマ授業の方法 明治図書

浅川潔司・八尋義晴・浅川淳司 (2008). 児童期の愛他行動と共感性に関する発達的研究 兵庫教育大学 研究紀要, *33*, 31-38.

長谷川真理 (2014). 他者の多様性への寛容——児童と青年における集団からの排除についての判断—— 教育心理学研究, *62*, 13-23.

伊藤順子 (2004). 向社会性についての認知はいかに行動に影響を与えるか——価値観・効力感の観点から—— 発達心理学研究, *15*, 162-171.

國枝幹子・古橋啓介 (2006). 児童期における友人関係の発達 福岡県立大学人間社会学部紀要, *15*, 105-118.

黒川雅幸・三島浩路・吉田俊和 (2008). 小学校高学年児童を対象とした異性への寛容性尺度の作成 実験社会心理学研究, *48*, 32-39.

黒沢幸子・有本和晃・森俊夫 (2003). 仲間関係発達尺度の開発——ギャング、チャム、ピア・グループの概念に沿って—— 目白大学人間社会学部紀要, *3*, 21-33.

松本恵美 (2016). 児童期と青年期における友人関係研究の概観と展望 東北大学大学院教育学研究科研究年報, *65*, 135-145.

松永あきみ・高橋充・峰岸哲夫 (2007). 小・中学生における社会的規範理解の発達 群馬大学教育学部紀要 人文・社会科学編, *56*, 313-332.

松尾直博 (2016). 道徳性と道徳教育に関する心理学的研究の展望——新しい時代の道徳教育に向けて—— 教育心理学年報, *55*, 165-182.

三島浩路 (2004). 友人関係における親密性と排他性——排他性に関する問題を中心にして—— 名古屋大学大学院教育発達科学研究科紀要心理発達科学, *51*, 223-231.

溝川藍・子安増生 (2015). 他者理解と共感性の発達 心理学評論, *58*, 360-371.

村上達也・西村多久磨・櫻井茂男 (2016). 家族、友達、見知らぬ人に対する向社会的行動——対象別向社会的行動尺度の作成—— 教育心理学研究, *64*, 156-169.

庭山和貴 (2020). 学校規模ポジティブ行動支援 (SWPBS) とは何か？——教育システムに対する行動分析学的アプローチの適用—— 行動分析学研究, *34*, 178-197.

大対香奈子・堀田美佐緒・竹島克典・松見淳子（2013）．日本語版SLAQの作成――学校適応の規定要因および抑うつとの関連の検討――　学校心理士会年報, *6*, 59-69.

大対香奈子・大竹恵子・松見淳子（2007）．学校適応アセスメントのための三水準モデル構築の試み　教育心理学研究, *55*, 135-151.

櫻井育夫（2011）．Defining Issues Testを用いた道徳的判断の発達的分析　教育心理学研究, *59*, 155-167.

塩見邦雄・橋詰篤・Bear, G. G.・Manning, M. R.（2006）．日本の児童の規範意識に関する研究――規範の内面化について――　兵庫教育大学　研究紀要, *28*, 17-24.

Spivack, G., Platt, J. J., & Shure, M. B.（1976）. *The problem-solving approach to adjustment.* Jossey-Bass.

登張真稲（2010）．協調性とその起源――AgreeablenessとCooperativenessの概念を用いた検討――　パーソナリティ研究, *19*, 46-58.

塚原拓馬（2011）．幼児童期および学童期における発達的問題と心理教育的対応――社会性の発達の視点から――　上田女子短期大学紀要, *34*, 131-142.

渡辺弥生（2011）．絵本で育てる思いやり――発達理論に基づいた教育実践――　野間教育研究所

渡辺弥生（2014）．学校予防教育に必要な「道徳性・向社会的行動」の育成　発達心理学研究, *25*, 422-431.

山岸明子（2006）．現代小学生の約束概念の発達――22年前との比較――　教育心理学研究, *54*, 141-150.

発達上の困難とそれに対する援助 ❾

～人生におけるつまずきを支える～

QUIZ：発達障害には、空気が読めない、不注意、読み・書きが苦手などさまざまな特徴があります。これらは、障害がない人にもみられるし、「私あてはまる」という人もいます。では、障害があるかないかで何が違うのでしょう。

 ## 第1節　発達のつまずきとは？

　学校で友だちとトラブルを抱えやすい子ども、読んだり書いたりなど学習の基本的な能力に問題を抱える子どもがいます。このような問題は、多かれ少なかれ誰にでも起こりうるかもしれません。しかし、同年齢の子どもに比べ、そのような問題が頻繁に起きたり程度が極端であると、学習や社会生活において支障をきたすことになり、発達につまずきがあると見なされます。

　本章では、発達のつまずきがある子どもとして、知的能力障害、自閉スペクトラム症、注意欠如・多動症、限局性学習症、発達性協調運動症などの障害がある子どもが抱える問題やどのような支援が必要なのか、また障害児支援における法制度などについてみていきます。

　「障害」の多くは「病気」とは異なりますので、治療して解決できるものではありません。たとえば、注意欠如・多動症の子どもであれば、不注意や多動性などの特性をもった状態がその子の通常の状態ということになります。したがって、障害のある子どもの支援においては、障害の特性をもったままで、ほかの子どもと同じように、当たり前の生活が保障され、社会で活躍するという期待のもと教育を受けられ、決して差別されないようにしていくことが大切です。そのために、本人の発達を促すだけではなく、その子に適した環境を調整していくことが不可欠です。

　また、子どもの主となる障害が、知的能力障害や注意欠如・多動症などであったとしても、その子どもの特性に合わない環境で過ごすことによって、不安障害、気分障害・うつ病、反抗挑戦性障害などのより大きな問題（**二次障**

害）へとつながることがあります。障害児の発達上の困難を援助する場合、そのような二次障害などの問題を予防し、充実した人生を送れるように支援していくことが求められます。

 ## 第2節　発達上の困難を抱える子ども

　知的能力障害、自閉スペクトラム症、注意欠如・多動症、限局性学習症、発達性協調運動症がある子どもは、アメリカ精神医学会が定める診断基準である**精神疾患の診断と統計マニュアル**（Diagnostic and Statistical Manual of Mental Disorders: DSM）の第 5 版（**DSM-5**）において、**神経発達症群**（**神経発達障害群**）に含まれます。なお、精神医学における診断基準として、DSM-5 のほか、世界保健機関（WHO）による**疾病及び関連保健問題の国際統計分類**（International Statistical Classification of Diseases and Related Health Problems: ICD）の第 10 版（ICD-10）があります。ICD-10 は行政上のサービスを受けるための診断などで用いられます。

　これらの子どもは、中枢神経系（**脳と脊髄**）の障害による発達の遅れや偏りがあるために、学びや社会生活のしづらさを抱えています。したがって、本人の努力や親のしつけなどによって克服できるような問題ではなく、子どもが抱えている問題が何であるのかを、アセスメントなどによって的確に見極め、専門的に対応していくことが必要となります。

1．知的能力障害（知的発達障害、知的障害）

　知的能力障害は、知的機能の欠陥と適応機能の欠陥が、18 歳未満の発達期にみられる場合に診断される障害であり、これらの症状のために、学習や社会生活に支障をきたしています。

　知的機能は、論理的に物事を考える、問題解決をする、適切に判断する、学習するなどの知的活動において必要な力です。知的機能の高低は、知能検査から IQ 値として算出されます。しかし、その数値だけでは、子どもの実際の能力を正確にとらえることは難しく、**適応機能**に基づく判断も必要です。

・概念的スキル：記憶、言語、読字、書字、数学、実用的知識、問題解決、新奇場面における判断など。
・社会的スキル：他者の思考・感覚・経験への意識、共感、対人コミュニケーションスキル、交友能力、社会的判断など。
・実用的スキル：身辺処理、仕事、金銭管理、余暇の過ごし方、行動の自己管理、学校や仕事における課題の管理など。

（神尾（2014）をもとに作成）

　適応機能は、概念的スキル、社会的スキル、実用的スキルの３つの領域に分けられます。

　DSM-5 では、これら３つの領域に基づいて、知的能力障害の重症度（軽度、中等度、重度、最重度）の判断を行います。

　知的能力障害がある子どもは、運動、認知、コミュニケーションなどさまざまな領域で発達の遅れがあります。運動面では、移動、食事、着替え、排泄などの**日常生活動作**（Activities of Daily Living: ADL，第 13 章 p.152 参照）の自立が遅れることにより、周囲のおとなに「やってもらう」という依存した状態が形成されることになります。少しずつでも自分でできる部分を増やしつつ、周囲への依存度を小さくするとともに、「できる」という自信につなげていくことが大切です。

　認知発達では、注意や記憶、目の前にないものをイメージする象徴機能の遅れ、状況を見通すことの苦手さなど認識や判断に関わる能力全般に遅れがみられます。集団活動や友だちとの遊びにおいて、どのようにふるまったらよいかわからないため、不安を抱えたり、主体的に行動することが難しくなることも多いですが、絵や写真などを用いて、視覚的に状況を伝えることで、状況を理解したり見通しをもちやすくなります。

　コミュニケーション面では、物事の概念の理解や象徴機能の獲得の遅れなどもあり、言葉の理解や表出の困難さがみられます。また、自分から他者にはたらきかけようとしないなど動機づけの弱さもあります。そのため、言葉以外にもさまざまな手段を利用しつつ、「コミュニケーションの楽しさ」を感じられるように配慮することが大切です。

２．自閉スペクトラム症（Autism Spectrum Disorder: ASD）

　自閉スペクトラム症は、以前は広汎性発達障害と呼ばれていました。**広汎性発達障害**は、**自閉症**や**アスペルガー症候群**などの複数の異なる障害をまとめた表現です。しかし、これらの障害は異なるものではなく、共通の特徴をもつが連続体（スペクトラム）のなかでその程度が異なるものと考えられるようになり、自閉スペクトラム症という名称が使われるようになりました。

　自閉スペクトラム症は、次の２つを特徴とする障害です。

> ・社会的コミュニケーションおよび対人的相互作用の障害：他者の気持ちや考えを推測することが難しい、仲間関係への関心が乏しい、状況や相手に応じた行動が難しい、言語発達の遅れ（言葉を話せないというよりは、話すことの必要性を感じていない）、ごっこ遊びをしないなど。
> ・行動、興味や活動の限定された反復的な様式：順番や物の位置への極度のこだわり、特定の領域への極度の興味と知識、感覚の過敏さと鈍感さ（音などへの過敏さ、痛みなどへの鈍感さ）など。

　「社会的コミュニケーションや対人的相互作用の障害」があり、他人の感情や考えを直観的に推測することが苦手だったり無頓着だったりします。そのため、場にそぐわないことを言ったり一方的に話しかけたりするなどの様子がみられます。また、言葉が話せなかったり、オウム返しをしたり、過去に聞いた言葉をそのまま発言するだけだったりといったコミュニケーションとして成立しにくい状態になることも多いです。さらには、声の調子、表情、しぐさから相手の意図を理解することの困難さがあり、冗談やたとえ話を言葉通りに受け取ってしまうなどの問題もみられます。自閉スペクトラム症の子どもとコミュニケーションをとる時は、視覚的な情報を用いる、説明や指示は短く具体的でわかりやすい表現を用いるなどの工夫が必要です。

　「行動、興味や活動の限定された反復的な様式」とは、想像力の欠如やこだわりの強さのことです。興味があることに没頭する反面、興味がないことはまったくやろうとしなかったりします。また、新しいことに対する不安が強いです。不安な状況を解消するために、こだわりが現れることもあります。安心できる環境のなかで、子どもの興味・関心に合わせて、少しずつ世界を広げて

いくことや、許容できるこだわりを無理にやめさせようとしないことなど、子どもに対して歩み寄る姿勢が大切です。

　自閉スペクトラム症の子どもの特徴の１つとして、感覚の過敏さと鈍感さがあります。たとえば、ピアノの音や、ざわざわした教室に苦痛を感じて、教室から飛び出してしまうということがある一方で、一般の人が苦手とする音が平気だったり、痛みなどに対して鈍感だったりすることもあります。落ち着いて過ごせる環境を整えることが必要です。

3．注意欠如・多動症 (Attention Deficit Hyperactivity Disorder: ADHD)

　注意欠如・多動症は、①不注意、②多動性、③衝動性の３つの主症状を特徴としていますが、その症状の現れ方によって、**不注意優勢型**、**多動・衝動性優勢型**、**混合型**の３つに分類されます。なお、それぞれの症状は次の通りです。

・不注意：物をよくなくす、忘れ物が多い、不注意な間違いをする、集中し続けることが難しいなど。
・多動性：座り続けていられない、座っていても体の一部が動く、話し出すと止まらないなど。
・衝動性：順番を待つことができない、我慢がきかない、危険な行為でも思いつきで行動してしまうなど。

　注意欠如・多動症と診断される場合、これらの症状が複数の場面でみられ、６ヵ月以上持続する、年齢不相応である、12歳以前に存在しているなどいくつかの条件を満たす必要があります。

　注意欠如・多動症の子どもは、忘れ物や集中の困難、落ち着きのなさ、衝動性の問題が学習場面や仲間関係のトラブルにつながります。その結果、まわりの子どもよりも劣っている、先生や友だちから嫌われているなどと認識し、何をやってもどうせうまくいかないなどと自己肯定感の低下を招くことがあります。注意欠如・多動症の子どもには、注意がそれてしまうような余計な刺激になるような物を置かないなど集中しやすい環境を整える、問題となる行動が起こりそうな場面で「やってはいけないこと」などのルールを事前に確認することなどにより、失敗が起こりにくい状況を作りつつ、うまくできた時にはその

場ですぐにほめるなどの対応が必要です。また、薬物療法により一時的に症状を抑えて、日常生活を助ける方法も用いられています。

4．限局性学習症（Specific Learning Disorder: SLD）

限局性学習症は、読字、書字、算数などの特定の能力を身につけたり使用したりすることに著しい困難を示します。限局性学習症にみられる障害のタイプとして、主に次の3つがあります。

・読字障害：単語や文を読むことの困難さ、読んでいるものの意味理解の困難さなど。
・書字表出障害：聞いた言葉を文字で表現することの困難さ、考えを単語や文章で表現することの困難さなど。
・算数障害：数の概念や計算、数学的推論の困難さなど。

限局性学習症と診断される場合、これらの症状が、知的能力障害やその他の精神障害、教育環境などによるものではないことが条件となります。なお、DSM-5 では、限局性学習症を上記の3つの症状としているのに対し、文部科学省による定義では、「聞く」、「話す」、「読む」、「書く」、「計算する」、「推論する」能力の困難を**学習障害**（Learning Disabilities；LD）と定義しています。学習障害は、限局性学習症に対応する言葉ですが、より広い概念となっています。

小学校以降では、文字の読み書きや算数にふれなければならない機会は多く、限局性学習症の症状の影響を受けやすくなります。限局性学習症の困難さは、ほかの子どもにとってはとくに困難なくできることであるため、なぜうまくいかないのかを理解してもらうことができず、努力不足などと見なされやすいことがあります。また、学習上の困難さに対して、効果の薄いトレーニングを強いられることもあります（たとえば、文字をくり返し書くなど）。それでもできないため、自己効力感の低下や、努力してもできないという否定的な感覚をもつことになります。限局性学習症の子どもは、アセスメントによってどこでつまずいているのかを見極めることが重要です。

5．発達性協調運動症 (Developmental Coordination Disorder: DCD)

発達性協調運動症は、発達段階に比べて極端に不器用な状態をいいます。具体的には、目的に応じて、目と手、両手、手と足、全身など複数の動作を協調させて使用することが苦手で、日常生活や学習に支障をきたしている状態です。なお、発達性協調運動症は、注意欠如・多動症や限局性学習症などと併発することも多いです。

発達性協調運動症の基本的な症状は運動面の困難にありますが、運動以外の領域にも影響が現れます。たとえば、不器用さやスポーツの苦手さが極端にあることにより、①運動を伴う遊びをほかの子どもと一緒にできず、社会参加の問題が起こること、②努力しても友だちのように上手にできないことによって劣等感を抱くなどの問題が起こることがあげられます。

発達性協調運動症の子どもの支援では、複雑な運動技能を獲得するために、それを構成する基本的な運動やその協調が可能であるのかを分析し、支援のターゲットとなる運動を明確にします。また、興味・意欲がもてる活動のなかで運動発達を支援すること、運動に関わる取り組みを継続させるために十分に励ますなどモチベーションを保てる環境であることが大切です。

 第3節　支援の実際

1．二　次　障　害

なんらかの障害をもつ子どもは、ほかの子どもが問題なくできるようなことが難しくなります。たとえば、相手の様子や状況に合わせてものの言い方を変える、順番を守る、ひらがなを区別して正しく読むなど、ほかの子どもや先生からみて、「できて当たり前」のことが難しくなります。それによって、障害のある子どもは、自信を失い劣等感を感じてしまうとともに、周囲からの理解が得られず「努力をしていない」「自分勝手」などと否定的な評価をされてしまうことで自己を肯定的にとらえられなくなってしまいます。その結果、不安障害、気分障害・うつ病、反抗挑戦性障害などの**二次障害**を引き起こすおそれがあり、もともともっていた障害よりも深刻になるケースがあります。

二次障害を予防するためには、周囲の人の障害への適切な理解と支援が必要です。そのために、子どもがどのような点でつまずいているのかをアセスメントなどで把握し、その子どもに適した対応を図ることが重要です。

2．保護者との連携および支援

(1) 保護者との連携

　子どもは1日の大半を家庭と園・学校で過ごすことになります。障害のある子どもは、1つのスキルを身につけるのに時間がかかることが多いため、家庭と園・学校で連携して一貫した対応をする必要があります。たとえば、「ごはんを食べる時は、『いただきます』と言う」を身につけたいとします。学校では「いただきます」と言うように促していても、家庭ではとくにそのような対応をしていなければ、子どもはどちらが正しいやり方なのかをなかなか学習することができません。このように、子どもの発達にとって家庭と園・学校が連携し、同じ対応をとっていくことが重要です。

(2) 保護者支援

　障害のある子どもの保護者は、子どもに障害があると告知されてから、つらい気持ちを経験することになります。ドローター（Drotar, D.）は、保護者がわが子の障害を告知されてから、ショック→否認→悲しみと怒り→適応→再起という経過をたどるとしています（Drotar, Baskiewicz Irvin, Kennell, & Klaus, 1975）。障害という診断に対し、ショックを受け、その事実を否認し、悲しみや怒りの感情を経験しつつ、少しずつ適応し、**障害受容**に向かっていくという考え方です。この障害受容のプロセスについてはほかの考え方もありますが、保護者の気持ちに可能なかぎり共感しつつ、関わっていくことが大切です。

　保護者との信頼関係を築くことで、保護者との連携がスムーズになり、結果として子どもに対して一貫した対応をとれるなど支援に役立ってきます。

3．発達上の困難に関わるアセスメント

　発達上の困難に対し、どこでつまずきが生じていてどのような支援が必要なのかを明らかにするために、知能や発達などのさまざまな領域に適したアセス

メントツールが開発されています。知的能力障害や発達障害の可能性がある子どもによく用いられるアセスメントとして、次のものがあります（表9-1）。

表9-1 知的能力障害や発達障害に関わるアセスメント（特定非営利活動法人アスペ・エルデの会（2013）をもとに著者作成）

領域	アセスメント
知能	ビネー式知能検査（第7章参照）、ウェクスラー式知能検査（第7章参照）、KABC-Ⅱ
発達	新版K式発達検査2001、津守式発達検査、遠城寺式発達検査、KIDS
適応行動（生活能力）	Vineland-Ⅱ適応行動尺度、S-M社会生活能力検査
情緒と行動の問題	CBCL・TRF等、SDQ
自閉スペクトラム症	M-CHAT日本語版、PARS、AQ日本語版、ADOS-2
注意欠如・多動症	ADHD-RS、Conners3日本語版、CAARS日本語版
限局性学習症	LDI-R、音読検査、小学生の読み書きスクリーニング検査、数研式標準学力検査NRT
発達性協調運動症	DCDQ-R、Movement-ABC2

 第4節　障害に関連する法律・制度

1. 関連する法律

(1) 障害者の権利に関する条約

　障害者の権利に関する条約は、障害者の権利を実現するために国がすべきことを定めたもので、日本は2014年に締結（条約の内容を守ると約束すること）しました。この条約では、障害者に対し**合理的配慮**をしないことは差別であるとしています。合理的配慮とは、障害者からの求めがあった時に、周囲の人や学校、会社などがすべき無理のない配慮のことです。また、障害者が周囲の人と同じように社会のしくみや環境を利用できるようにする**機会均等**、障害児の権利を尊重することなども定められています。

(2) 障害を理由とする差別の解消の推進に関する法律（障害者差別解消法）

　2016年に施行された法律で、すべての障害者が、障害の有無によって分け隔てられることなく、すべての国民が共生する社会の実現を目的としています。また、合理的配慮について定められており、役所や学校、会社などの事業

者は、障害を理由とする不当な差別的取り扱いが禁止されました。

（3）障害者の日常生活及び社会生活を総合的に支援するための法律（障害者総合支援法）

　障害児や障害者が、基本的人権をもつ個人として尊重され、ほかの人と同じように日常生活や社会生活を送れるように、総合的な支援を行うことを定めた法律です。この法律に基づくサービスには、日常生活上の介護等を受ける**介護給付**や、就労および生活の訓練等を受ける**訓練等給付**があります。なお、18歳未満の障害児には、児童福祉法による**障害児入所支援**や**障害児通所支援**があります。

（4）発達障害者支援法

　発達障害者支援法は、発達障害児者に対する学校教育における支援、就労支援、発達障害者支援センターの指定などについて定めた法律です。学校・家庭・地域が連携し、発達障害のある子どもの特性や発達の状態に応じて**個別の教育支援計画**や**個別の指導計画**を作成することが示されています。

２．教育に関わる制度

（1）特別支援教育

　特別支援教育は、2007年より始まった障害児に対する教育です。特別支援教育では、子どもの障害の特性やニーズに配慮して環境を整え、他の子どもと平等に教育を受ける権利を保障します。それまで障害種別に分かれていた学校を特別支援学校に統合し、多様な障害種に対応できる学校にするとともに、幼児、児童、生徒の自立と社会参加を目指し、幼児期から学校卒業までの途切れのない支援を実現させることを制度化しました。そのほか、特別支援教育コーディネーターの配置や校内委員会の設置など、支援が必要な子どものためのしくみができることとなりました。

（2）インクルーシブ教育

　インクルーシブ教育は、障害のある子どもとそうでない子どもがお互いの存在を尊重し合いながら、共に同じ場で学ぶことです。さまざまな子どもが同じ場で学ぶために、それぞれの子どもに合わせた特別な配慮をしながら、子ども

一人ひとりが自分らしく教育活動に参加できるようにしていきます。なお、近年では、障害の有無だけでなく、外国籍家庭、貧困家庭、不登校など子どもたちの状況が多様化・複雑化しており、そのような子どもたちもなんらかの形で教育に参加できるよう、今後さらに個々に合わせた支援が必要となっています。

3. 手帳制度

　障害者手帳は、障害の種類や程度に応じてさまざまな福祉サービスを受けられるようにするものです。身体に障害がある場合には**身体障害者手帳**、知的障害がある場合には**療育手帳**、精神に障害がある場合には**精神障害者福祉手帳**を取得することができます。発達障害がある場合は、基本的に精神障害者福祉手帳を取得することができますが、自治体によっては、療育手帳の取得を可能にしていることがあります。

 ### 第5節 ま と め

　本章では、障害のある子どもや、その支援、関連する法制度などを概説しました。障害特性によって起きる困りごとが、二次障害へとつながらないよう、子どもを理解し支援することが大切です。

（増南　太志）

ANSWER：発達障害の特徴は、障害がない人にもよくみられるものです。しかし、その特徴が極端で、その人の生活する場において、その極端さを受け入れる価値観や設備などが整っていないために社会参加が妨げられると「障害」と見なされることになります。

*さらなる学び：

①合理的配慮や機会均等の例を探してみましょう。たとえば、授業において、聞いて理解することが困難な子どもに対し、口頭による指導だけでなく板書やメモなどによって情報を伝えることは合理的配慮になります。また、それによって、ほかの子どもと同等に教育を受ける機会を得られるようにすることは機会均等といえます。このような例を探してみましょう。

②障害に関わる不利益の要因を、①個人の障害に求めるのか、②その障害に対応できない社会に求めるのか、③それらの相互作用に求めるのか、など障害に対する異なる考え方があります。それをふまえて、医学モデルと社会モデルの違いを調べてみましょう。

【引 用 文 献】

Drotar, D., Baskiewicz, A., Irvin, N., Kennell, J., & Klaus, M. (1975). The adaptation of parents to the birth of an infant with a congenital malformation: A hypothetical model. *Pediatrics, 56*(5), 710-717.

神尾陽子 (2014). DSM-5 を読み解く 1 神経発達症群，食行動障害および摂食障害群，排泄症群，秩序破壊的・衝動制御・素行症群，自殺関連 中山書店

特定非営利活動法人アスペ・エルデの会 (2013). 発達障害児者支援とアセスメントに関するガイドライン 厚生労働省平成 24 年度障害者総合福祉推進事業

【コラム 5】発達心理学を特別支援教育に生かす

　小学校入学予定の就学についての相談（就学相談）や、小学生や中学生の発達や特別な教育的支援についての相談（発達相談）をしています。就学相談では、1 年を通じて、保護者から入学にあたって心配なことや子どもの実態を聞きとり、行動観察や心理検査を通して子どもの実態把握、保護者へのフィードバック、教育形態の検討および支援方法の検討をします。発達相談においても、保護者や子どもからの主訴を把握し、相談を行っています。

　相談においては、まず保護者の心配に寄り添い、安心して相談ができるよう心がけています。文部科学省においても「就学先の決定に対しても不安を抱いている時期であることから、そのような保護者の気持ちを十分にくみ取り、保護者にとって身近な利用しやすい場所で、安心して相談を受けられるよう工夫するなど、保護者の気持ちを大切にした教育相談を行うことが重要である。」と述べられています。

　特別な教育的ニーズのある子どもたちを見立てるためには、発達心理学の定型発達と非定型発達の両方の知見が必要です。また感情や認知、対人関係等がどのように発達していくのかについて、大学や大学院の発達心理学の講義で学んだことは、現在の臨床の基礎になっています。今では研修会に参加し、あらたな知見も取り入れるようにしています。

　また、医療機関で自閉スペクトラム症、注意欠如・多動症、知的能力障害、限局性学習症、発達性協調運動症等の診断を受けているケースもあります。それらに対しての診断基準やどのような支援が有効であるのか学んでおく必要があります。相談のなかで、子どもの実態把握や支援方法の検討のために、WISC- Ⅳや新版 K 式発達検査等の知能検査や発達検査を実施することもあります。検査を活用するためには、どのような側面が検査により得られるかを学んでおき、検査により把握できたことを子どもの実態をふまえて、生活や学習で活かすために分析するようにしています。

　さまざまな発達心理学の知見により、子どものニーズをとらえ、それに合った支援方法を相談者に提供するようにしています。子どもの成長や親のサポート、学校の理解が得られ、予想以上に適応が良くなるケースもありますが、逆にうまく適応できないケースもあり、難しさを感じています。ただそのようなケースにおいても、うまくいかなかった理由を分析し、支援方法を再検討しています。日本の子どもたちは自己肯定感が低いといわれるなかで、子どもたちが希望をもって笑顔で生活できるように支援したいと思っています。

（菅家　美緒）

参考文献：文部科学省「特別支援教育の在り方に関する特別委員会報告」平成 24 年

思春期の発達 10

～心、身体、性の変容とそれに伴う課題～

QUIZ：2017年に行われたアメリカ、イギリス、インド、日本、ブラジル、南アフリカなど14ヵ国の10代の少女5,000人以上を対象とした調査で、自分の外見に自信がないという回答がもっとも多かった国と、逆に、少なかった国はどこだと思いますか？　答えは本文中にあります。

 第1節　子どもからおとなへの移行時期

1．昔と比べて、今時の子どもは体格がよくなっている？

　思春期にみられる特徴の1つに**発達加速現象**があります。これは、世代が新しくなるにつれて、身体の発達が早くなることで、2つの側面があります。1つ目は、身長や体重などの成長速度が加速する**成長加速現象**です。しかしながら、平成30年度・学校保健統計調査の結果（文部科学省, 2019a）から、身長の平均値の推移は、1994年度から2001年度あたりをピークに、その後横ばい傾向、体重の平均値の推移は、1998年度から2006年度あたりをピークに、その後減少もしくは横ばい傾向にあり、この現象は打ち止めになっているといえます。

　もう1つは、初潮や精通などの性的な発達の早期化を表す**成熟前傾現象**です。こちらも、昭和から平成にかけては、成熟前傾現象があったものの、1997年以降、平均初潮年は12歳2ヵ月前後で推移し、停滞していると指摘されています（大阪大学, 2011）。それでもなお、わが国の値は、世界と比べると成熟傾向にあります。

2．自分の外見に自信がある人ほど、積極的に挑戦している？

　身体が急速に成長するこの時期には、自分の身体への関心が高まります。これは**身体イメージ**（Body image）と呼ばれています。思春期においては、自分の身体イメージに不満感を抱いていることがごく当たり前といわれています（Yager, Diedrichs, Ricciardelli, & Halliwell, 2013）。これは、とくに女子において顕著

で、身体へのネガティブなイメージが自己イメージや行動にまで影響を及ぼすことがわかっています。冒頭 QUIZ は、ユニリーバ・ジャパン・カスタマーマーケティング株式会社が 2017 年に行った調査で、①調査対象者の半数以上が自分の身体に肯定感をもっていない、②自分の身体に肯定感をもっている少女は高い生活満足感と自分に自信をもっており、機会に対して果敢に挑戦している、③ 54％の少女が自分の身体に肯定感をもっておらず、人生の重要な機会を生かし損ねている、などの結果が明らかとなりました。QUIZ の答えは、自分の外見に自信がないという回答がもっとも多かった国は日本、もっとも少なかった国は南アフリカでした。

3．みんなが私を見ている？

　中学生の女の子をもつあるお母さんは、「娘が毎日鏡ばかり見ているんです。何回見たって変わらないのに」とため息まじりに話されました。お母さんには無意味に思えても、女の子は、教室や廊下ですれ違う人が自分を見ているような気がして、自分の容姿がとても気になるのです。実際は、まわりの人はそれほど見ていないのですが、当人にはそう思えるのです。これは**想像上の観衆**と呼ばれており、自分に関心が向き、自分がどのような人間なのかを探求しながら、**自己概念**（self-concept）を形成していく重要な過程なのです。自己概念とは自分の性格や能力、身体的特徴などに対する、比較的永続した、自己認知のことです。児童期までは、自分の視点から自分を理解することが中心でしたが、思春期になると、自分を客観視する能力が身についてくるのです。つまり、他者が自分のことをどう考えているか、どう思っているかを、自分が他者の立場から想像できるようになるのです。こうした特徴を包括して、**青年期の自己中心性**と呼びます。

4．おとなへの階段を上ることは大変？

　心身の成長とともに、徐々に自立の欲求が高まります。つまり、それまで心理的に親に頼ってきた子どもが、親から離れて自立して生きていこうとするのです。20 世紀初頭にかけて活躍したアメリカの女性心理学者であるホリング

ワース（Hollingworth, L. S.）は、これを**心理的離乳**と名づけました。こうした心理的背景から、子どもの行動として、親や教師をうるさい存在と感じたり、時に、言葉や態度で反抗したりすることもあります。それゆえに、この時期は**第二次反抗期**と呼ばれています。ただし、みんなが第二次反抗期を経験するというわけではありません。たとえば、二森・石津（2016）が実施した大学生に「過去または現在に反抗期を経験したか」という質問に対して、「あった」が53.1％、「なかった」が46.9％でした。つまり、反抗期を経験することなく大学生になった者も少なくないといえます。

 第2節　学校現場の諸問題の様相と防止に向けた対応策

1．いじめ問題

（1）いじめの現状といじめ防止対策推進法の誕生

1980 年代に、いじめ事件とその被害者の自死が相次いで起こりました。そ

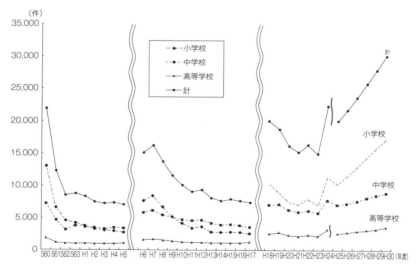

図 10-1　平成 30 年度いじめの認知（発生）学校数の推移（文部科学省，2019b）
注）H25 年度からは高等学校に通信制過程を含める。

 114　　　10　思春期の発達

れを受けて文部省（現在の文部科学省）は、1985年にはじめ
て、いじめの実態を把握する目的の「児童生徒の問題行動・
不登校等生徒指導上の諸課題に関する調査」を行いまし
た。その後、この調査は毎年実施されており、調査結果は
秋頃に公表されています。2019年時点の最新版「平成30年
度　児童生徒の問題行動・不登校等生徒指導上の諸課題に
関する調査結果」によると、いじめの認知（発生）学校数の
推移は図10-1の通りです。いじめの認知（発生）学校数の総
数は、2013年から増加し始め、最近の数年間では、とくに
小学校の値が増加しています。この変化は、いじめが純粋

QR10-1

QR10-2

に増えたというよりも、いじめの定義の変更や法律の施行に伴い、いじめの考
え方やいじめ件数の把握のしかたが変化したことによるものです。

　文部科学省によるいじめの定義は、QR10-1のように、1994年、2006年、
2013年の計3回変更されました。1986年と1994年の定義の大きな変更点は、
いじめの有無を判断する際に、いじめ被害者の立場が重視されたことです。
2006年の定義の変更では、いじめの発生件数ではなくいじめの認知件数をカ
ウントするようになりました。認知件数というのは、教師による観察や学校が
行うアンケート調査などを通して学校が「いじめ」と認知した件数のことで
す。また、それまでの定義で使われていた「自分より弱い者」という表現がな
くなり、「一定の人的関係」という表現が採用されました。これは、「いじめっ
こ」「いじめられっこ」という固定的な人間関係のなかでいじめが発生すると
いう認識から、いじめの被害者と加害者は流動的に入れ替わりうるという認識
へ変わったことを意味しています。2013年の定義では、「インターネットを通
じて行われるものも含む」という表現が加わり、インターネットを介して行わ
れるいじめも含まれるようになりました。

　こうした変更は、変更される前年に壮絶ないじめ事件が起こり、社会に大き
な影響を与えたことがきっかけになっています。たとえば、1986年に東京都
中野区の中学校で起こった「葬式ごっこ」、1993年に山形県新庄市の中学校で
発生した「マット死事件」、2011年に滋賀県大津市で発生した「大津中2いじ

め事件」などです。「大津中２いじめ事件」がきっかけとなり、「**いじめ防止対策推進法**」（QR10-2）が議員立法によって 2013 年に成立しました。この法律は、いじめは児童生徒の成長や命に大きな損害を与えかねない重大な問題であり、社会全体がいじめの防止に取り組む必要があり、それを実行するための根拠となるものです。「防止」という言葉には、「未然防止」、「早期発見」、「早期対応」、「重大事態への対応」の４つの意味が込められています。この法律施行後、学校は「からかい」、「プロレスごっこなどのふざけ」であっても、被害者が「苦痛」と感じれば「いじめ」と認定し、早期防止に取り組んでいます。この姿勢が、先述のいじめ認知（発生）件数の増加として現れているのです。

（2）いじめ防止対策推進法施行後の学校現場の取り組み

いじめ防止対策推進法に沿って、各学校は「いじめ防止基本方針」を策定しました。具体的内容は、①学校いじめ防止のための基本方針を明文化し、HP 上で公開するなど保護者や地域に周知すること、②重大な事案が起こった場合、学校内外の委員で構成されるいじめ対策検討委員会を設置すること、③教員で構成するいじめ問題対応委員会を設置し、日頃から、情報の収集、交換を行うこと、④保護者に対してもいじめを防止する責任があることを伝え、いじめ防止への協力を呼びかけること、⑤いじめ行為が犯罪行為を含む場合には、警察と連携して解決にあたることなどがあります。このように、学校だけがいじめ問題を抱え込む姿勢ではなく、必要に応じて、保護者や地域と連携し、速やかな解決を目指しています。

（3）いじめの構造を理解し、予防に生かす

いじめの研究に長年取り組んでいる森田（2010）は、いじめが起きている時の学級内の人間関係を四層構造で表現しました（図10-2）。中心に被害者、そのまわりに加害者がいます。その外側にいるのが観衆です。観衆とは、直接いじめをするのではなく、はやし立てたり、けしかけたりして、いじめをエスカレートさせる存在です。もっとも外側にいるのが傍観者です。傍観者は文字通り、いじめを傍観しています。観衆のようにけしかけたりはしませんが、いじめを止めようとはしません。「私たちは関係ない」という立場をとっていますが、起きているいじめに対して暗黙の支持を与えていることから、いじめの加

害者と同じといえます。いじめを予
防するポイントは四層構造の観衆と
傍観者を減らし、仲裁者を増やすこ
とです。道徳や心理教育などによっ
て、観衆と傍観者の存在がいじめを
助長させていること、つまり、加害
者であることを教えるとともに、仲
裁者が増えれば声をそろえて「いじ
めはいけない」と言える状況が生ま
れることを教えます。おまじないの
ように「いじめはいけません」と言

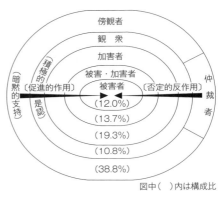

図中（　）内は構成比

図 10-2　いじめ集団の構造 _{（森田 , 2010）}

うよりも、子どもにもいじめの構造に基づいた予防法を教える方が効果的です。

2．不登校問題
（1）不登校に対する考え方の変遷と不登校の定義

　現在は不登校と呼ばれていますが、かつては、「怠学（学校に行きたくない）」、
「登校拒否（学校に行きたいが、行けない）」、「学校嫌い（心理的な理由から学校が嫌い
である）」などと呼ばれており、「登校できないのは本人の問題である」という
考え方もありました。しかし現在では、「不登校は特定の子どもに特有の問題
があることによって起こることではなく『誰にでも起こりうる』問題」（文部科
学省 , 1992）と認識されています。

　文部科学省の不登校の定義は「何らかの心理的、情緒的、身体的あるいは社
会的要因・背景により、登校しないあるいはしたくともできない状況にあるた
めに連続または断続して年間 30 日以上欠席した者のうち、病気や経済的な理
由による者を除いたもの」です。文部科学省（2019b）の不登校児童生徒数の推
移（図 10-3）を見ると、1997 年に 10 万人を超えて以来、それが続いており、こ
こ数年間は小学校、中学校ともに増加していることがわかります。

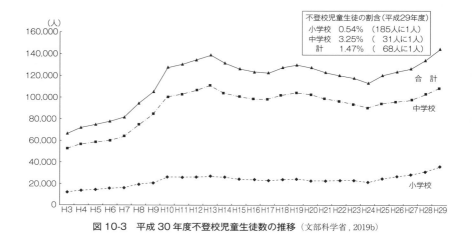

図 10-3　平成 30 年度不登校児童生徒数の推移（文部科学省，2019b）

（2）「義務教育の段階における普通教育に相当する教育の機会の確保等に関する法律」（通称「教育機会確保法」）の施行

　不登校の解消に向けて、国は 1990 年度より適応指導教室（2003 年に教育支援センターという名称に変更）の設置や 1995 年度よりスクールカウンセラーを導入するなど、不登校対策を行ってきましたが、不登校の減少にはつながっていません。そこで、2017 年に、不登校児童生徒を支援するために「**義務教育の段階における普通教育に相当する教育の機会の確保等に関する法律**」（通称「教育機会確保法」）があらたに施行されました。この法律の主旨は「不登校や外国人を含む全ての子どもたちが安心して学べる環境を作る」ことにあります。そのために、学校環境を整備すること、在宅学習、フリースクール、夜間学校などで学ぶ子どもの教育の機会を確保すること、そのために国や自治体が必要な財政上の措置を講じることなどが規定されました。なお、この法律は、3 年以内に、法律がどのように機能しているのかを検討し、見直しを含めた措置をとることになっています。

（3）いじめ、不登校を「チームとしての学校」で防止する

　いじめや不登校の背景には学業不振、人間関係、無気力、家庭の状況など複数の要因が交錯しており、学級担任 1 人の力で解決できる問題ではありませ

ん。学級担任が1人で解決しようとして、大きな負担がかかれば、心身の健康被害や学級担任としてのほかの業務に支障が出るおそれもあります。こうした事態を回避し、より効果的な支援につなげるために文部科学省（2015a）は「**チームとしての学校**」を打ち出しました（QR10-3）。これは、教師と心

QR10-3

理や福祉の専門家（スクールカウンセラー、スクールソーシャルワーカー）が連携し、また、学校と教育支援センター、児童相談所など地域の専門機関が連携することによって、さまざまな問題にチームで対応する方針を示したものです。これが機能すれば、問題を解決しやすくなるだけでなく、教師が子どもと向きあう時間が大幅に増加する、授業に集中できるといった効果も生まれると期待されています。

第3節　ジェンダーとセクシャリティ

1．思春期とジェンダー・恋愛・性

　これまで述べてきたように、思春期には性的な成熟が進みます。その結果、男性らしい、あるいは女性らしい身体へと変化し、自分が男性であること、あるいは女性であることがあらためて自覚される時期となります。この時期には、ジェンダーや恋愛や性的なことに対する関心も高まると考えられています。

　ジェンダーとは、非常に複雑な概念であり、ジェンダーをどのように定義するかについては研究者のあいだでも議論が継続されていますが、そのうちの1つとして、「その社会において男女それぞれに期待される役割などの社会文化的に作られる性」があります。生物学的な性に着目する場合には、ジェンダーに対比させてセックスと呼びます。実際には、生物学的な性と社会文化的な性とは複雑に絡みあい、相互に影響を与えながら、現在の性のあり方を形作っています。セックスとジェンダーは不可分であり、セックスという用語を用いずにジェンダーという用語のみを用いる立場、あるいは「セックス／ジェンダー」という表記を用いる立場もあります（Hyde et al., 2019 など）。

　現代社会においてなお、「男性は仕事、女性は家事・育児」や「男性はリー

ドし、女性は従う」などのように、男女それぞれが担うべき役割や有するべき心理特性に関する性役割期待が多かれ少なかれ存在しています。性的成熟を果たした思春期や青年期は、男性、あるいは女性である自分はどのような役割を担い、心理的特性を有するべきかについて、社会の価値観と自分の価値観との折りあいをつける時期と考えられています（伊藤, 1997）。

　また、思春期以降、恋愛や性的なことへの関心や行動を経験した割合も増加していきます。日本の中学生から大学生までの性行動を継続的に調査している日本性教育協会 (2018) によると、つきあう相手が欲しいと思っている者の割合は、中学生で3割台であったのが、高校生で5割程度へと増加し、大学生で6割を超えています。また、実際につきあった経験がある者の割合はそれぞれ、中学生で4割程度、高校生からおおよそ6割以上になります。

　性的なことに関心をもった経験のある者の割合は、男子の中学生が46.2%、高校生が76.9%、大学生が93.2%であり、女子の中学生が28.9%、高校生が42.9%、大学生が68.6%と、増加していきます。なお、はじめて性的な関心をもった年齢を尋ねると、その割合が1割を超えるのは10歳から12歳の頃でした。また、性的な行動の経験率も高まります。性的な意味でのキスの経験があると回答した者の割合はそれぞれ、中学生で1割程度、高校生で3割から4割、大学生で5割超であり、セックス（性交）の経験がある者は、中学生で1割未満であったのが、高校生で1割を超え、さらに大学生では3割を超えていきます。

　異性関係においても、「男性がリードし、女性がそれに従う」というジェンダーによる影響があることが明らかにされています。たとえば、先述の日本性教育協会 (2018) の調査において、はじめてのセックス（性交）を経験した時、どちらから要求したかを尋ねると、女子では「相手から言葉や態度で」を選択する者の割合が6割程度ともっとも高く、「自分から言葉や態度で」を選択した者の割合は2%程度でした。一方、男子では「どちらともいえない。自然に」が5割強ともっとも多く、次いで「自分から言葉や態度で」が2割から3割でした。女性は男性のリードに従っているが、男性は「どちらともいえない」と自分のリードに自覚的ではないのか、あるいは実際に「どちらともいえ

ない」が、女性がリードするべきではないと考えた結果、女性の回答にやや歪みが生じたのかはわかりません。いずれにせよ、異性関係において男性はリードし、女性は従うというジェンダーの存在が示唆されます。

2．セクシャル・マイノリティ

　前項では、男性と女性という性別に関する用語について、とくに説明することなく用いてきました。しかし、男性と女性という性別はいくつかの層を成しています。大きく分けると、1つ目が**身体的な性**、2つ目が自分の性別をどのように認識するかという**性自認**、3つ目は、恋愛や性愛の対象となる相手方の性別を示す**性的指向**、です。身体的な性と性自認の性は必ず一致するわけではありません。また、必ず異性を愛するわけではありません。しかし、身体的な性と性自認の性が一致しており、異性を愛する人々が、現代社会では多数派として扱われています。そのため、多数派とは異なる性の状況にある少数派の人たちが、偏見や差別を受けたりするような立場に追いやられていることが指摘されています。

　性に関する少数派の人々は**セクシャル・マイノリティ**と呼ばれています。セクシャル・マイノリティを代表するものとして、LGBTQ という言葉もよく用いられます。L はレズビアン（女性同性愛者）、G はゲイ（男性同性愛者）、B はバイセクシャル（両性愛者）、T はトランスジェンダー（主に身体的な性と性自認が一致していない人）、Q はクエスチョニング（性的指向や性自認が揺れ動いたり、そもそも決めたくないなどの特定の枠にあてはまらない人や状況のこと）の頭文字をとったものです。性別違和（以前は性同一性障害と呼ばれていました）も身体的な性と性自認が一致していない状況を指しますが、とくに診断を受けた時に用いられる傾向があります（日高，2015 など）。なお、セクシャル・マイノリティにはほかにも多くのタイプがあることから、特定のセクシャリティのタイプ名ではなく、Sexual Orientation（性的指向）と Gender Idntity（性自認）の頭文字をとった SOGI という観点から抱括的に捉える枠組みも用いられています（「なくそう！SOGI ハラ」実行委員会、2019）。先述の日本性教育協会（2018）の調査で大学生に恋愛の対象を尋ねると、「同性」を選択したのは男子で 0.9％、女子で 0.2％、

「異性・同性でどちらも（バイセクシャル）」を選択したのは男子で 1.6%、女子で 5.9% でした。

　異性を好きになるように同性愛者を「治療する」、性自認が身体的な性に一致するように「治療する」と考えるべきではなく、それよりも、セクシャル・マイノリティに対する多数派からの偏見や差別的な反応により負わされている負担へのケアの必要性が指摘されています。多数派とは異なるからという理由で侮蔑的な言葉を投げかけられる経験、あるいはそのおそれを感じながら、自分自身のセクシャリティを隠して生活したり、望まない性別に結びついたジェンダーを強制されたりすることは、大きな負担を強いると予想されます。負担を軽減する方法の 1 つとして、自分の身のまわりにはセクシャル・マイノリティの当事者は「いない」のではなく、当事者が自分のセクシャリティを隠しながら生活せざるを得ないために、当事者の周囲の人に「見えていない」状況があるということを理解し、当事者以外の人が普段の言動に注意し、互いの尊厳が守られるような環境を作り出すことがあげられています（針間・平田，2014; 日高，2015 など）。

　現代では、社会の状況も少しずつ変化してきています。たとえば、文部科学省（2015b）は「性同一性障害に係る児童生徒に対するきめ細かな対応の実施等について」を示し、お茶の水女子大学（2018）と奈良女子大学（2019）では 2020 年度から、宮城学院女子大学（2019）では 2021 年度から、身体的な性が男性であっても性自認が女性である人を受け入れることを決定しました。東京都世田谷区の中学校では 2019 年度から身体的な性がどちらであっても制服としてスラックスとスカートのどちらも選ぶことができるようになりました（朝日新聞，2019b）。また、厚生労働省は、性的指向や性自認などの個人情報を本人の了解を得ずに他者に暴露すること（**アウティング**）をパワハラとする指針案を提案しました（朝日新聞，2019a）。セクシャル・マイノリティの人々が置かれている状況は一様ではないため、今後も議論を継続していく必要があると考えられます。

第4節 まとめ

　思春期は、身体の変容に起因する心の問題、性への関心の高まりと戸惑いなどの心理的課題、また、いじめや不登校などの不適応問題などが起こりやすい時期です。対人援助職が、これらの課題をどのように支えることができるのか、その力量が問われているといえます。

（第1・2・4節藤枝静暁・第3節宇井美代子）

＊さらなる学び：

①自分の体験を思い返したり、友人と話しあいながら、「日本人がみずからの外見に自信をもてない」理由を考えてみましょう。

　身体イメージは、心の健康維持にとっても重要です。たとえば、身体イメージへの不満が食欲不振と過食症（Stice, 2002）、抑うつ症状（Stice, & Bearman, 2001）を引き起こす要因となりやすいのです。それゆえに海外では、思春期・青年期の身体イメージは、学校のなかで注意が必要な公衆衛生上の問題であるという認識が高まっており（Yager et al., 2013）、生徒の身体イメージを高めるためのプログラムを導入している中学校や高等学校もあります。

②映画「スタンド・バイ・ミー」は、第二次反抗期にいる少年たちが、秘密小屋でタバコを吸うなどおとなの真似をしながら、自分たちの力だけで、危険をおかしながら大きな挑戦をして、まわりのおとなたちから認められようとする姿が描かれていますので、一見の価値ありです。

【引用文献】

朝日新聞（2019a）. パワハラ指針 批判受け修正 労働者側に配慮、案固まる（2019年11月21日朝刊・東京本社）

朝日新聞（2019b）. 世田谷区立中「服装自由で」新年度カジュアルデー実施（2019年3月26日朝刊・東京四域）

針間克己・平田俊明（編著）（2014）. セクシュアル・マイノリティへの心理的支援──同性愛、性同一性障害を理解する── 岩崎学術出版社

日高庸晴（監著）（2015）. LGBTQを知っていますか？──"みんなと違う"は"ヘン"じゃ

ない―― 少年写真新聞社

Hyde, J. S., Bigler, R. S., Joel, D., Tate, C. C., & van Anders, S. M. (2019). The future of sex and gender in psychology: Five challenges to the gender binary. *American Psychologist, 74*, 171-193.

伊藤裕子 (1997). 青年期における性役割観の形成 風間書房

宮城学院女子大学 (2019). トランス女性の受け入れについて < http://web.mgu.ac.jp/news/4532.html> (2019 年 12 月 2 日)

文部科学省 (1992). 学校不適応対策調査研究協力者会議報告 (概要)

文部科学省 (2015a). 「チームとしての学校」の在り方と今後の改善方策について

文部科学省 (2015b). 性同一性障害に係る児童生徒に対するきめ細かな対応の実施等について

文部科学省 (2019a). 平成 30 年度学校保健統計 (学校保健統計調査報告書)

文部科学省 (2019b). 平成 30 年度児童生徒の問題行動・不登校等生徒指導上の諸課題に関する調査結果について

森田洋司 (2010). いじめとは何か――教室の問題、社会の問題―― 中公新書

「なくそう！ SOGI ハラ」実行委員会 (編) (2019). はじめよう！ SOGI ハラのない学校・職場づくり――性の多様性に関するいじめ・ハラスメントをなくすために―― 大月書店

奈良女子大学 (2019). 奈良女子大学におけるトランスジェンダー学生の受入れについて < http://www.nara-wu.ac.jp/nwu/news/transgender/index.html> (2019 年 12 月 2 日)

日本性教育協会 (2018). 青少年の性行動――わが国の中学生・高校生・大学生に関する第 8 回調査報告―― 日本性教育協会

二森優希・石津賢一郎 (2016). 第二反抗期経験の有無と過剰適応が青年期後期の心理的自立と対人態度に与える影響 富山大学人間発達科学研究実践総合センター紀要, *11*, 21-27.

お茶の水女子大学 (2018). トランスジェンダー学生の受入れについて < http://www.ao.ocha.ac.jp/menu/001/040/d006117.html> (2019 年 12 月 2 日)

大阪大学 (2011). 第 12 回全国初潮調査結果

Stice, E. (2002). Risk and maintenance factors for eating pathology: A meta-analytic review. *Psychological Bulletin, 128*, 825-848.

Stice, E., & Bearman, S. K. (2001). Body-image and eating disturbances prospectively predict increases in depressive symptoms in adolescent girls: A growth curve analysis. *Developmental Psychology, 37*, 597-607.

Yager, Z., Diedrichs, P. C., Ricciardelli, L. A., & Halliwell, E. (2013). A systematic review of classroom-based body image programs. *Body Image, 10*, 271-281.

青年期の発達 11

～子どもからおとなへの変化～

QUIZ 1：青年期はいつ始まり、いつ終わると思いますか？
QUIZ 2：ライフネット生命保険が 2012 年に 20 ～ 59 歳の恋をしたことがある男女 1,000 名に行った「初恋に関する調査」では、初恋の相手が配偶者または婚約者となっている者は何 % いたと思いますか？　答えは本文中にあります。

第1節　青年期の発達的特徴

　青年期（adolescence）は、「10 歳代から 20 歳代半ば頃まで、つまり、思春期的変化の始まりから 25、26 歳までの子どもから大人への成長と移行の時期」であるとされます（久世，2000, p.4）。英語の adolescence は、ラテン語の adolescere という動詞から派生し、成人に向かって成長することを意味しています。このように青年期は、「子どもでも、おとなでもない」時期であるといえます。子どもとおとなの境界線上にあることから、レヴィン（Lewin, K.）は青年を**境界人**（marginal man あるいは周辺人）と呼びました。子どもからおとなへの移行期である青年期は、これまでの人生をふり返り、これからの生き方を模索する時期でもあります。

　冒頭 QUIZ 1 の答えは、青年期の始まりは一般的に第二次性徴に代表される身体的・生理的変化の始まりと考えられています。これに対して、青年期の終わりは明確な基準を定めることは難しいといえます。このことは、青年期という考え方が歴史的な変化を背景に誕生したこととも関係しています。中世（5 ～ 16 世紀）では、今日のような青年期は存在せず、子どもとおとなのいずれかがあるのみであったと考えられています。産業革命（18 ～ 19 世紀）によって社会の工業化が進み、複雑な作業へ従事するための教育と訓練の期間が必要になりました。また、同時期に子どもの権利保障が進み、労働や生産の場から解放されたことで、親の身分や社会的地位、財産にかかわらず、将来の職業や人生を選択していくための期間としても青年期は位置づけられることになりました

（図 11-1）。このような経緯からも、青年期の終わりや発達は、社会の変化から大きな影響を受けるといえます。なお、**思春期**（puberty）という用語（第 10 章参照）は、生物学的・身体的意味合いを有しており、とくに児童期の終わり頃から青年期前期と重なりあう時期を指すことが多いといえます。

　ホール（Hall, G. S.）は青年期を「疾風怒濤」の時代と呼び、シュプランガー（Spranger, E.）は青年期の特徴として「自我の発見」を指摘しました。青年期には、心理的変化、身体的変化、社会的変化が起こります。心理的変化として、目の前にある具体的な事物を超えた抽象的思考が可能になることがあげられます。これはピアジェ（第 2・7 章参照）の認知発達段階における**形式的操作期**にあたり、論理的思考や仮説演繹的思考が可能になります。身体的変化として、第二次性徴や成長ホルモンの分泌がみられ、大脳辺縁系の活動が活発になります。思考や判断に関わる前頭前野も発達が進み、青年期に抽象的思考が可能となる生理学的基盤が整うといえます。社会的変化として、家族関係に加えて友人関係の重要性が増し、恋愛関係への発展や性行動がみられることもあります。また、日本では刑事処分が 14 歳以上で可能になることや 18 歳以上での選挙権の獲得など、法的立場も変遷します。これらの変化が相互に影響しあいながら、青年期の発達は進むといえます。

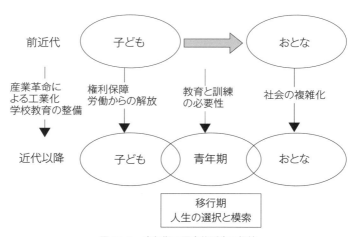

図 11-1　青年期の歴史的誕生の経緯

第2節　自己意識の形成

　みなさんは学校の授業で自画像を描いたり、スマートフォンで撮影した自分の写真をインターネットに公開したりすることがあるのではないでしょうか。意識や注意の対象が自分自身にあることを**自己意識**と呼びます。前節で紹介した青年期に生じるさまざまな変化によって、自分自身に注意や関心が向きやすくなり、自己意識が高まります。そして、青年は自分が他者とは異なる独自の存在であることに気づき、自分のなかにまわりは知らないけれども自分だけが知っている「もう1人の自分」や「内なる宇宙」を見出すという「自我の発見」が起こります。

　ジェームズ（James, W.）は自己の二重性として、認識の主体である「知る自己」（Ⅰ）と認識される客体としての「知られる自己」（me）を指摘しています。青年期には、「知る自己」（Ⅰ）と「知られる自己」（me）の分化が進みます。後者の「知られる自己」は、自分自身を対象として把握した一貫したイメージである**自己概念**にも関係します。Higgins（1987）の「**自己不一致理論**」では、自分や他者がとらえている現実の自分である「現実自己」（actual self）に加えて、自分や他者に期待されている自分である「理想自己」（ideal self）、こうあるべきだという「義務自己」（ought self あるいは当為自己）も想定しています。現実自己と理想自己の不一致（ズレ）によって失意や落胆のような感情が、現実自己と義務自己の不一致（ズレ）によって罪悪感や動揺のような感情が生じると考えられています。

　現代社会では、青年の生活場面はより複雑化し、自己意識の形成は難しくなっているといえます。たとえば、家族の前での自分、学校での自分、恋人といる自分はまったく異なるように思えることも不思議なことではありません。ハーマンス（Hermans, H. J. M.）の「**対話的自己論**」では、一極集中的に唯一の「私」が形成されるのではなく、分権的に複数の「私」が対話を重ねながら自己が形成されていくことが論じられています（溝上, 2008）。

第3節　アイデンティティ形成

　「自分って何だろう」、「自分は何のために生きているのだろう」このような疑問を抱いたことはないでしょうか。エリクソンは、青年たちに自身と同じ悩みを発見し、**アイデンティティ形成**の問題として論じました。エリクソン（1959；西平・中島訳 2011）の漸成発達論（**ライフサイクル論**）では、青年期の発達的テーマとして、「アイデンティティ 対 アイデンティティ拡散」が論じられています（第 2・12 章参照）。

　「アイデンティティ」（**Identity；自我同一性**）は、「アイデンティファイ（Identify）」という動詞を名詞化したものであり、「＝」（イコール）という意味として理解できます。つまり、青年期には、「自分が自分である」（自分＝自分）という一見当たり前であるはずのことが揺らぎ、問題になるのです。前節で論じた主体としての「知る自己」（I）と客体としての「知られる自己」（me）が分化することで、自分自身をふり返ることができるようになるためです。好きな自分や嫌な自分、親にとっての自分、友だちから見た自分など、対象化されるさまざまな me を「I ＝ me」として納得して統合していくことが青年期の大きな発達的テーマになるといえます。

　エリクソンが論じる「アイデンティティの感覚」とは、自分はほかの誰でもない自分であり（斉一性）、過去・現在・未来も変わることのない自分である（連続性）と自分自身が実感し、そのような自分を自分にとって重要な他者も認めてくれているという自信や調和した感覚であるといえます。エリクソンによれば、アイデンティティは100％達成することを目指すものではなく、対で結ばれた「アイデンティティ」と「アイデンティティ拡散」がせめぎあいながらも、前者が後者よりも優勢で安定している状態が重要になります。アイデンティティが100％達成されてしまうことは、自己完結してしまうことであり、それ以上の成長が望めない状態ともいえます。つまり、ポジティブな感覚とネガティブな感覚の両方の葛藤が、青年期の発達の原動力となるのです。

　マーシャ（Marcia, 1966）は、青年期のアイデンティティの状態（**アイデンティティ・ステイタス**）を「危機」（crisis あるいは探究 exploration）と「積極的関与」（コ

ミットメント commitment) の２つの観点から整理し、「アイデンティティ達成」、「モラトリアム」、「予定アイデンティティ」（あるいは早期完了）、「アイデンティティ拡散」という４つの状態でとらえました（表11-1）。「モラトリアム」という用語は、もとは経済用語であり、飢饉や災害などの緊急事態に支払いの猶予を認めることを指していました。この概念をエリクソンが援用し、おとなになることを社会から保留されている猶予期間という意味で「心理社会的モラトリアム」と呼ばれています。アニメ映画『魔女の宅急便』では、13歳の少女キキは黒猫のジジとともに一人前の魔女になるために旅立ち、パン屋に居候しながら魔女の宅急便を営みます。キキの成長とアイデンティティ・ステイタスを重ねてみると、街に来た時になんの疑いもなく飛ぶことができた状態は「予定アイデンティティ」、魔女であることに疑問を感じて飛べなくなった状態は

表 11-1　マーシャのアイデンティティ・ステイタス（岡本, 2002 より作成）

アイデンティティ・ステイタス	危機	積極的関与	概要
アイデンティティ達成（identity achievement）	経験した	している	幼児期からのあり方について確信がなくなり、いくつかの可能性について本気で考えた末、自分自身の解決に達して、それに基づいて行動している。
モラトリアム（moratorium）	その最中	しようとしている	いくつかの選択肢について迷っているところで、その不確かさを克服しようと一生懸命努力している。
予定アイデンティティ（foreclosure）	経験していない	している	自分の目標と親の目標の間に不協和がない。どんな体験も、幼児期以来の信念を補強するだけになっている。硬さ（融通のきかなさ）が特徴的。
アイデンティティ拡散（identitiy diffusion）	経験していない	していない	危機前（pre-crisis）：今まで本当に何者かであった経験がないので、何者かである自分を想像することが不可能。
	経験した	していない	危機後（post-crisis）：すべてのことが可能だし可能なままにしておかなければならない。

注）「危機」は自分のアイデンティティについて真剣に悩んだり迷ったりした経験を意味し「探究」と呼ばれることもある。「積極的関与」は人生の重要な領域への主体的な取り組み（コミットメント）を意味する。「予定アイデンティティ」は、「早期完了」と訳される場合もある。

「アイデンティティ拡散」、飛ぶために試行錯誤していた状態は「モラトリアム」、そして再び飛べるようになった状態は「アイデンティティ達成」にあると考えられます。キキが故郷の家から持ってきたホウキではなく、偶然見つけたデッキブラシで再び飛べるようになったことも、アイデンティティ形成を考える上で興味深いです。

　これらのアイデンティティ・ステイタス（状態）は、固定されたものではなく、変容する可能性もあります。マーシャがさまざまな領域や価値基準を模索することでみずからの可能性を広げようとする探究を論じたことに対して、メウス（Meeus, 1996）は自身が積極的に関与している領域や価値基準をより深める探究があることを指摘しています。このようにアイデンティティ形成では、積極的に関与する領域を見つけたあとも、その領域や価値基準を深めるような探究が青年期以降も継続することがみられます。

 ## 第4節　対人関係の発達

1. 親子関係の発達

　青年期は親からの自立を模索し、親子関係が変化する時期であるといえます。ホリングワース（Hollingworth, L. S.）が論じた心理的離乳（第10章参照）のような親からの分離と自律と同時に、親との情緒的な結びつきである愛着も、青年期の親子関係に大切であると考えられています。親からの分離と親との結びつきが両立し、対等で互恵的な関係が青年と親のあいだに構築されることが重要になります。

　一方で、親の期待に過剰に応えようとする、いわゆる「良い子」の問題も指摘されています。「親の期待が重い」、「親の期待に応えられないと見捨てられてしまうのではないか」などの重圧を感じている青年も少なくありません。しかし、青年は親の期待から一方向的に影響を受けるだけではなく、親の期待に対して主体的に取り組んでいく側面もあります。池田（2009）はアイデンティティの感覚が確かである大学生は、親の期待に対して負担感や反発を示すのではなく、親の期待と折り合いをつけ、自分の生き方を尊重していることを論じ

ています。

　また、核家族化や離婚による**ひとり親家庭**の増加もみられます。2019（令和元）年に児童のいる世帯である 1,122 万 1 千世帯（全世帯の 21.7%）に対して、ひとり親と未婚の子のみの世帯は 6.5% でした（厚生労働省，2019）。ひとり親家庭が、貧困に陥りやすい状況があることも指摘されています。ひとり親家庭に限らず、親だけで子どもを育てるのではなく、地域社会や専門的支援の担い手と一緒に次世代の子どもたちを育てていくことが大切であるといえます。このことは、保護者のない子どもや保護者による養育が難しい子どもを公的責任で社会的に養育したり、困難を抱える家庭を支援したりするという**社会的養護**の重要性とも関係します。

2. 友人関係の発達

　みなさんにとって「友人」とはどのような存在でしょうか。小学生の頃は一緒に行動することが友人の基準であったのが、いつの間にかお互いに助けあえたり、わかりあえたりする相手が友人になることが多くなります。

　仲間関係は児童期から青年期にかけて、同質性を条件とする関係から、お互いの異質性を認めあう関係へと発達すると考えられています（表11-2）。ギャング・グループ（gang-group）は、おとながやってはいけないというものを仲間と一緒にルール破りをする「ギャング（悪漢）」のような関係です。チャム・グループ（chum-group）は、いわゆる仲良しグループであり、「同じアイドルが好

表 11-2　仲間関係の発達（保坂，2010 より作成）

	発達時期	年齢の目安	関係の特徴	集団の特徴
ギャング・グループ（gang-group）	児童期後半	小学校中学年以降	同一行動による一体感	同性同年齢集団が多い
チャム・グループ（chum-group）	青年期前期	中学生	同一の関心・互いの類似性や共通性など言語による一体感	同性同年齢集団が多い
ピア・グループ（peer-group）	青年期中期から後期	高校生	共通性・類似性だけでなく、異質性をも認め合う	異年齢や異性もありえる

注）保坂（2010）は、発達時期をチャム・グループは思春期前半、ピア・グループを思春期後半としている。

き」、「趣味が同じ」など「私たちは一緒だね」という確認を行う関係であるといえます。一方で、同じであることを求めることで生じる同調圧力（ピア・プレッシャー）が高まりやすい関係でもあります。ピア・グループ（peer-group）は、お互いの異質性を認めあい、違いを乗り越えたところで、自立した個人として尊重しあいながらともにいることができる関係です。

　また、青年期の友人関係には、対面とインターネットを介した二種類の関係が生じることがあります。SNS（Social Networking Service）は便利であるだけではなく、「既読無視」といわれるような相手の反応や友人グループの範囲など、従来はグレーであった領域が白と黒に可視化されてしまいます。また、いつでもやりとりを求められることで生じる「SNS疲れ」、スマートフォンや携帯電話が手元にないと落ち着かない「ネット依存」などの問題も指摘されています。インターネットでの「つながらない自由」も含めて、青年期には友人との適度な距離を模索することが重要になります。

3. 恋愛関係の進展

　青年期には**恋愛**への興味や関心が高まる傾向があり、特定の相手と親密な恋人関係になることもみられます。冒頭 QUIZ 2 の答えは、20 ～ 59 歳の恋をしたことがある男女 1,000 名のうち初恋の相手が配偶者または婚約者となっている者は 1.0% でした。ライフネット生命保険（2012）によると初恋の平均年齢は10.4 歳であり、初恋の時期は小学校入学前（6 歳以下）が 27.7% でもっとも多く、次いで小学生高学年（11 ～ 12 歳）が 19.5%、小学生中学年（9 ～ 10 歳）が17.4% となっており、青年期以前にも恋心の芽生えはみられるようです。

　「私のどこが好きになったの？」、「君との関係が重くなった」このような会話は、青年期の恋愛でよくみられるのではないでしょうか。大野（2010, p.84）は、エリクソンの理論を参考に、「親密性が成熟していない状態で、かつ、アイデンティティの統合の過程で、自己のアイデンティティを他者からの評価によって定義づけようとする、または、補強しようとする恋愛的行動」を「アイデンティティのための恋愛」と呼んでいます。その特徴として、相手からの賛美・賞賛を求めたい、相手からの評価が気になる、相手の挙動に目が離せなく

なる、しばらくすると呑み込まれる不安を感じる、などをあげ、結果として多くの場合交際が長続きしないことが述べられています。このように交際が長続きせずに、失恋を経験することも少なくありません。そのほかにも片思いや浮気などに悩むこともあり、青年は恋愛のなかでさまざまな感情を経験し、その経験を通して成長していく姿もみられます。

　一方で、恋愛の否定的側面も指摘できます。たとえば、配偶者間の DV（Domestic Violence）が広く認知されているように、青年期の恋愛における**デート DV** の問題があげられます。デート DV とは「青年期の恋愛関係にあるカップル間に生じる暴力のこと」（赤澤, 2016, p.128）であり、英語では Dating Violence と呼ばれています。デート DV の種類には「身体的暴力」、「精神的暴力」、「性的暴力」などがあります。赤澤（2016）はデート DV に関する国内の研究を概観し、調査回答者の被害経験は中学生で 20% 弱、高校生で 10% ～ 50%、大学生で 12.8% ～ほぼ 100% であり、加害経験は中学生で 10% 以下、高校生で 10% ～ 50%、大学生で 10% 前後～ 70% 強であることを報告しています。調査によって割合の幅はありますが、相当数の青年がデート DV の被害あるいは加害を経験している実態があります。デート DV の予防教育の重要性に加えて、「**配偶者からの暴力の防止及び被害者の保護等に関する法律**」（いわゆる DV 防止法）の存在や、配偶者暴力相談支援センターなどのデート DV に関する相談先を知っておくことも大切です。

 ## 第 5 節　まとめ：青年期の心理的援助

　子どもからおとなへの移行期にある青年にとって、自分の気持ちを適切に言語化して他者に伝えることは困難であることが多いといえます。青年は、時には症状としての身体化、暴力や自傷行為などの行動化、イラストや音楽によるイメージ化などを通して、みずからの声にならない言葉を表現しています。青年期の心理的援助とは、青年一人ひとりがもっている発達の可能性を信じ、その声にならない言葉に耳を傾けることであるともいえます。

（池田　幸恭）

ANSWER 1：青年期の始まりは、一般的に第二次性徴に代表される身体的・生理的変化の始まりと考えられています。これに対して、青年期の終わりは人格的成熟を想定することが多いですが、明確な基準を定めることは難しいといえます。とくに現代の日本は、子どもとおとなの区別があいまいになり、青年からおとなへの明確な基準が存在しない時代といえます。また、家庭や学校以外でおとなと接する機会が減り、自分の生き方のモデルになるようなおとなと出会うことも少なくなっています。青年たちは、おとなになることが難しい時代を生きているといえるでしょう。みなさんが住んでいる地域や学校のある地域に、どのような青年の居場所や支援制度があるでしょうか？

ANSWER 2：ライフネット生命保険（2012）が 20 ～ 59 歳の恋をしたことがある男女 1,000 名に行った調査では、初恋の相手が配偶者または婚約者となっている者は 1.0％でした。おおよそ 100 人に 1 人が、初恋の相手と結婚しているという割合になります。LGBTQ に関する活動が示すように、恋愛対象は異性とは限りません。青年期の恋愛や性を多様な観点から理解する必要があります。また、恋愛のほかにも家族愛や友愛、生命愛などさまざまな愛の形があるといえます。もしみなさんの前に地球の文化を知らない宇宙人がやってきたとしたら、あなたは「愛」をどのように説明するでしょうか？

＊さらなる学び：青年期の発達に関心をもたれた方は、内閣府による「青少年に関する調査研究等」のなかから関心のある調査を 1 つ取り上げて、その調査結果を青年期の心理的援助にどのように活かすことができるかを考えてみてください。https://www.8.cao.go.jp/youth/kenkyu.htm

QR11-1

【引 用 文 献】

赤澤淳子（2016）. 国内における デート DV 研究のレビューと今後の課題　人間文化学部紀要（福山大学）, *16*, 128-146.

Erikson, E. H.（1959）. *Identity and the life cycle*. International Universities Press.（エリクソ

ン，E.H. 西平直・中島由恵（訳）(2011). アイデンティティとライフサイクル　誠信書房)

Higgins, E.T. (1987). Self-discrepancy: A theory relating self and affect. *Psychological Review, 94*, 319-340.

保坂亨 (2010). いま、思春期を問い直す　グレーゾーンにたつ子どもたち　東京大学出版会

池田幸恭 (2009). 大学生における親の期待に対する反応様式とアイデンティティの感覚との関係　青年心理学研究, *21*, 1-16.

厚生労働省 (2019). 令和元年　国民生活基礎調査の概況

久世敏雄 (2000). 青年期とは　久世敏雄・齋藤耕二（監）　福富護・二宮克美・高木秀明・大野久・白井利明（編）　青年心理学事典 (pp.4-5)　福村出版

ライフネット生命保険 (2012). 初恋に関する調査　Retrieved from https://www.lifenet-seimei.co.jp/shared/pdf/2012-4151.pdf?cid=NA_NEWS&m=M200&t=T120619&cl=CL1&lp=OR328（2020年8月3日）

Marcia, J. E. (1966). Development and validation of ego-identity status. *Journal of Personality and Social Psychology, 3*, 551-558.

Meeus, W. (1996). Studies on identity development in adolescence: An overview of research and some new data. *Journal of Youth and Adolescence, 25*, 569-598.

溝上慎一 (2008). 自己形成の心理学――他者の森をかけ抜けて自己になる――　世界思想社

岡本祐子 (2002). ライフサイクルとアイデンティティ　岡本祐子（編著）　アイデンティティ生涯発達論の射程 (pp.3-57)　ミネルヴァ書房

大野久 (2010). 青年期の恋愛の発達　大野久（編）　シリーズ生涯発達心理学4　エピソードでつかむ　青年心理学 (pp.77-109) ミネルヴァ書房

【コラム6】学校で安心して過ごせるように

　私立中高のカウンセラーとしての仕事は、まず、生徒が安心して生活を送れるよう面談を通して支援する仕事です。相談内容は家族や学校（学習、友人）、自分自身についてなどさまざまです。お話を聴き一緒に考える場合と、生徒の了解のもと、保護者や先生などの力を借りて支援する場合があります。

　次に、保護者や先生からの相談があります。生徒を中心に据えてその理解を深め、対応を工夫するなどの環境調整によって解決を図ります。また、学校には友人、先生、授業、行事、課外活動、保健室、図書館など生徒にとってのさまざまな居場所や関係性があります。このようなリソースを活用し、学校のもつ生徒を抱え成長を促す力をより引き出していくことも大切な仕事です。

　日頃は、始業前に出勤しカウンセラー室を整え、休み時間や放課後に相談や遊びに来る生徒に対応します。そのほか、先生との話しあい、保護者相談、生徒観察、たよりの発行、行事や職員会議への参加や校務分掌の仕事なども担当します。

　この仕事の魅力は、何といっても在学中の比較的長期にわたって生徒を見守ることです。さまざまなきっかけが時に登校を難しくさせることもありますが、自分なりのペースを再考し、少しずつ力を戻し、進級や進学に伴うあらたな課題に向きあう姿に出会うと、その成長に立ち会えたように思い感動します。

　一方、多様な相談において、専門機関の必要性や生徒の安全の確認など、必要な判断を誤らないようにと緊張が続くこともあります。また、相談を待つだけでなく、困っているかもしれない生徒の把握のため日頃の観察や先生との情報交換にも注力しなくてはなりません。先生とのコミュニケーションは重要ですが、カウンセラーの第三者的な視点（外部性）があいまいにならないよう注意も必要です。

　生涯発達における発達課題の視点は支援のよりどころとなっています。主に親の影響を受けて形作られていた自分を問い直す作業は、身体的発達による戸惑いや他者の視点の過大視など思春期特有の心においては危機にもなりえます。生徒の「自分」というものの語りに耳を傾ける日々です。

（池上　陽子）

成人期の発達 12

QUIZ：孔子は有名な「論語」のなかで「四十にして惑わず」と述べています。40歳になると人生の方向が定まり迷いもなくなる、という意味です。20年後、あなたが40歳になった時、迷いなく進むことができるようになるのでしょうか？

 ## 第1節　成人期とは

1. 成人期はいつか

「背がぐっと伸びてもうすっかりおとなね」「甘いことばかり言わず、もっとおとなになりなさい」など、おとなという言葉は日常的にさまざまな場面で使われます。前者の場合は身体的な成長、後者の場合には心理的な成長を基準とした表現のようです。さて、私たちはいつ頃、おとなになるのでしょうか。

心理学的な見方では、**成人期**（adulthood）の始まりは「親から自立したり、就職などの社会的な役割を取得した時」です。この場合、個人や社会、文化により成人期の始まる年齢は異なることになりますが、おおむね20代半ば頃を指します。一方、成人期の終わりは老年期の始まりです。この際にも定年退職や年金受給を基準にするなど、老年期の開始年齢をどのように考えるかにより成人期の終わりの年齢は異なることになりますが、世界保健機関（WHO: World Health Organization）が前期高齢者とする65歳頃を指すことが多いようです。

すなわち、成人期は青年期と老年期のあいだにあり、だいたい25歳から65歳頃まで、人生の40年あまりを占める時期です。

2. 長く多様な成人期

発達心理学は長いあいだ、子どもの著しい成長や思春期の心身の変化など、乳幼児期から青年期までの心や行動の発達を研究の対象としてきました。そこでは、おとなは急速に発達する子どもの養育者として登場するにすぎず、成人期の心の発達そのものについてはほとんど研究の関心が向けられませんでした。

しかしながら、急速な高齢化に伴い寿命が延伸し（第13章参照）、成人期以降の人生が長くなりました。そして、成人期にもさまざまな出来事や出会いがあり、時にはそれまでの生き方や価値観を変えるような転機が存在すること、ライフスタイルや発達段階に応じて社会や家族における役割を果たしたり、ある役割からほかの役割へと移行したりする重要な時期であることが注目されるようになりました。これらの多様な経験から学んだり、影響を受けたりしながら、成人もまた発達し続ける存在であることがわかってきたのです。

　私たちの発達は、一方向に表現されるものではなく、図12-1 に描かれた樹のようにさまざまな方向に進行していきます。発達にはいくつかの側面があると考えられており、この図では、「身体」「心理」「社会」という３本の樹の枝が、互いに交差し重なりあいながら伸びています。こうして、樹の上に登るほど、つまり発達が進行するほどに、さまざまな側面の経験が影響を及ぼしあいながら、人生は多様化していきます。このような成人の発達における多方向性、多様性を理解することは、現在の発達心理学の重要な関心事となっています。

図 12-1　発達の樹
（Berk（2010）をもとに作成）

第2節　成人期の発達の理論

　このように長く多様な成人期に、私たちはどのような心の発達を経験するのでしょうか。いくつか心理学の理論を概観してみましょう。

1. エリクソンの生涯発達論

　人は一生を通じて発達していく存在であるとし、乳児期から高齢期までの心の発達を包括的にとらえようとする考え方を**生涯発達論**（Life-span developmental theory）といいます。現在もっとも広く受け入れられている生涯発達論を提唱した研究者はエリクソンです。エリクソン（Erikson, 1950；仁科（訳）1977）は、「人間の8つの発達段階」と題する人間の生涯全般にわたる発達論を展開しました（第2章参照）。この発達論によれば、乳児期から高齢期までの8つの発達段階には、各時期にもっとも顕著となる心理的葛藤があります。人は生涯にわたって、それらの葛藤を克服していくなかで人間的な強さ（徳）を獲得していきます（図12-2）。

　成人期の1つ目の心理的葛藤は「**親密性 vs 孤立**」（Intimacy vs. Isolation）です。親密性とは、特定の人との深く長く親密な関係を形成、維持することです。1つ前の段階の青年期は自己探求や模索を経て、自分のあり方や生き方を主体的に選択する時期です（第11章参照）。成人前期には、青年期に確立したアイデンティティを親密な他者と融合し、親密性を高くすることによって、人間的な強さとしての**愛**（Love）を獲得します。相手の喜びや成長や幸福そのものが、そのまま自分の喜びや成長や幸福となる状態です。一方、他者との闘争的、防衛的な関係は孤立を招くとされています。

　成人期の2つ目の心理的葛藤は「**世代性 vs 停滞**」（Generativity vs. Stagnation）です。世代性（＝**生成継承性**）とは、子どもを育てること、後進を導くこと、創造的な仕事をすることなどを通じて、次の世代に関心を向け、社会に貢献することにより高まっていく成熟性です。つまり、他者の存在に責任をもち、重要な他者に自分のエネルギーを注ぐことが、成人期の成長、発達をもたらします。世代性の発達を通じて獲得する人間的な強さは**世話**（Care）であり、大切

高齢期								統合 対 絶望 <知恵>
成人期							世代性 対 停滞 <世話>	
成人初期						親密性 対 孤立 <愛>		
青年期					アイデンティティ 対 拡散 <誠実>			
児童期				勤勉性 対 劣等感 <有能>				
幼児期			自主性 対 罪悪感 <目的意識>					
幼児期初期		自律性 対 恥・疑惑 <意思>						
乳児期	基本的信頼 対 基本的不信 <希望>							

図 12-2　エリクソンの8つの発達段階
（心理的葛藤とそこから獲得される人間的な強さを示す。
Erikson & Erikson（1997）村瀬・近藤（訳）2001 をもとに作成）

な人の幸せのために具体的な行動を実践することができる能力であるとされています。一方、成人になってもなお、自分中心の世界にいて関心が自己に集中しているような場合には、停滞感や自己陶酔に陥ると考えられています。

　エリクソンの理論からみる成人期の発達をまとめてみましょう。私たちは青年期に自分の生き方を模索し、アイデンティティを確立して成人期を迎えます。成人の初期には、互いにアイデンティティを確立した他者との親密な関係を築くことにより、親密性を発達させ、愛する能力を獲得します。その後、それを基盤として、次世代を育み、次世代に積極的に関心をもち、次世代に残すものを作り上げようとする世代性の発達へと進んでいきます。

　ただし、次節で述べるように、現代の社会を生きる私たちはこのように一方向に発達するわけではなく、自分の存在や生き方の模索は、生涯を通してくり返し行われることが指摘されています。

2. ハヴィガーストの発達課題

　次に、有名な**発達課題**（developmental task）に関する理論をみてみましょう。ハヴィガーストは、人生を乳児期－幼児期、児童期、青年期、成人前期、**中年期**、成熟期の6段階に分けて、各段階において私たちが達成するべき発達課題を提唱しました（Havighurst, 1972；第2章、特に表2-1参照）。成人期の前半（表2-1では成人前期）には職業に就くことや新しい家族を形成すること、後半（表中では中年期）には社会的責任を負うこと、子どもの自立への援助や身体的な衰退への適応などが達成するべき課題として示されています。

　ハヴィガーストの発達課題の重要な特徴は、社会のなかで適応した生活を送るために必要なことという基準で、社会教育的な立場から発達の目標としての課題を設定していることです。ある段階の課題を達成すると次の段階の課題も容易になりますが、課題の達成に失敗するとその後の人生の課題をクリアすることも難しくなるとされています。しかしながら、先に述べたように、現代は成人期の生き方がとても多様化している時代です。とくに、結婚、子どもをもつことや働き方についての選択肢が多く存在し、個人の価値観もさまざまな現代に、すべての人に共通する発達課題を設定することがはたして可能なのかという議論があります。また、ハヴィガーストの理論はアメリカの中流家庭を想定しているため、文化や時代背景によって、課題そのものが異なるのでは、という批判があります。一方、身体的な加齢への適応や社会的存在としての成熟などの文化や時代背景を超えた課題も多く、現代日本を生きる私たちにとっても重要な示唆を与えるものと考えられます。

3. レヴィンソンの人生の四季

　成人もまた、成長、発達する存在であるということを示したもう1つの発達の理論をご紹介します。

　レヴィンソンは、成人男性数十名の半生をつづった自分史をまとめて、人生を4つの季節にたとえました（Levinson, 1978）。春は生まれてから青年期まで、夏は成人前期、秋は成人後期、冬は高齢期です。そして、それぞれの季節における生活の基本的なパターンに着目し、成人期には、生活パターンが安定して

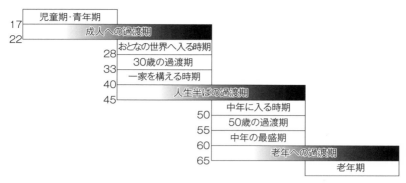

図 12-3　レヴィンソンの発達段階 (Levinson（1978）南（訳）1992 をもとに作成)

いる時期と変化する時期が交互にやってくること、それらの橋渡しをする重要な「**過渡期**（transitional period)」が存在することを明らかにしました。図 12-3 に、レヴィンソンが提唱した成人の発達段階を示します。

　レヴィンソンの理論のなかで重要なことは、過渡期とは人生の危機的な時期でもあり、この時期をうまく乗り越えることが次の安定した生活のパターンを形成すると考えられていることです。季節の移り変わりの時期ともいえる大きな過渡期は、17 ～ 22 歳の「成人への過渡期」、40 ～ 45 歳の「人生半ばの過渡期」、60 ～ 65 歳の「老年への過渡期」です。レヴィンソンはとくに、40 代前半の「人生半ばの過渡期」を人生のもっとも重要な転換期であるとし、「若さの喪失と老いの自覚」「死への対峙と残された生への渇望」などの基本的な対立を調節し、統合していくことが次の人生段階に進むための課題であると考えました。

　この研究が行われた当時、成人期はおとなの分別を備えた働きざかりで、人生のなかで安定した最盛期であると考えられていました。それに対してレヴィンソンは、成人期にも多くの人々が経験する発達のプロセスがあり、そこには急激に心理的な変化の生じやすい時期が存在することを明らかにした点で大きな貢献をしたといえます。なお、図 12-3 は男性のみを研究の対象とした分析から作成されています。のちにレヴィンソン（Levinson, 1996）は女性を対象とした面接調査を行い、女性にも男性と同じような心の発達がみられること、し

かし女性は結婚や出産によって生活パターンが変わりやすいために、より多く
の過渡期を経験する可能性があることを指摘しています。

 ## 第3節　成人期の諸課題

　ここまでに、私たちの成人期は長く多様化していること、人生を過ごすなか
で成人期にもまた、さまざまな成長、発達が生じることを述べました。以下で
は、成人期の成長、発達と関連するいくつかの具体的な課題をみてみましょう。

1.　職業意識とライフコース

　職業に就くことは、成人の始まり頃の大きな出来事です。仕事はもちろん経
済的な自立の手段として重要です。加えて、仕事を通じてさまざまな経験をす
る（時に葛藤や失敗なども含みます）ことは、成人の心理的な発達に大きな影響を
与えます。

　私たちが職業に何を求め、どのような意義を見出すかは**職業意識**（Career
awareness）と呼ばれます。職業意識のうち、職務経験への評価がもたらす肯定
的な感情を**職務満足**（work satisfaction）といいます。ここでは、職務満足に関
する代表的な理論であるハーズバーグの二要因理論（Herzberg, 1966）を紹介し
ます。二要因理論では、職務満足を規定するさまざまな要因を大きく2つに分
類します。1つは、達成、承認、責任、昇進など仕事そのものの性質に関わる
「動機づけ要因」で、不十分であってもそれほど不満を生じさせないが、満た
されることにより強い職務満足をもたらす効果のある要因です。もう1つは、
経営方針、賃金、上司や同僚との人間関係など、仕事を取り巻く環境に関わる
「衛生要因」で、満たされていても当たり前と感じてそれほど満足を生じさせ
ないが、満たされないと強い不満をもたらしてしまう要因です。二要因理論で
は、「衛生要因」に関わる不満要素を低減することは、短期的な離職防止の効
果はあるかもしれませんが、長期的な効果はもたず、むしろ「動機づけ要因」
を高めるようなはたらきかけをすることで、人は意欲的に生き生きと働き続け
ることができると考えます。

一方、職業意識のうち、職場や所属する組織に対して個人が有する意識や態度を**組織コミットメント**（organizational commitment）といいます（Meyer et al., 1993）。メイヤーらによれば、組織コミットメントの心理的状態は情緒的要素、存続的要素、規範的要素の3つの要素の組み合わせとその相対的な強さにより規定されます。情緒的要素は、組織に対する愛着や同一化（会社の一員であることに誇りを感じるなど）を表します。存続的要素は、組織を去る時に払う代償への知覚（ほかに良い条件の会社がなく、今までに積み上げてきたものを捨てるのが惜しいなど）を表します。規範的要素は、理由や理屈なくコミットするべきという忠誠心（定年まで勤めるのが義務と考えているなど）を表します。

　職業意識、すなわち、職務満足や組織コミットメントのありようは、職務行動や退職、さらには生活全体における幸福感や生きがい感などの個人のウェルビーイングに大きな影響を及ぼすと考えられています。

　加えて、成人期の発達と職業に関わる現代的な問題を考えてみましょう。かつての日本では、一度就職すると定年を迎えるまで同じ職場で働く終身雇用が一般的でした。しかしながら近年では、社会的な制度としても個人の職業観としても、終身雇用の形態は崩壊しつつあります。実際に、大学卒業後に就職した人のうち約3割が最初に就いた職業を3年以内に辞めるといわれており、離職や転職をする人が増えています。青年の頃に「私はどう生きるか」に向きあいながら進路の選択を行ったとしても、長い人生のさまざまな節目において、私たちは何度もアイデンティティの揺らぎや問い直しに直面する可能性があります。

　キャリア（career）という言葉があります。一般的には職業経歴を意味することが多いですが、発達心理学では人が生涯を通して担う役割の組み合わせを指します。また、関連する言葉に**ライフコース**（life course）があります。ライフコースとは個人が一生のあいだにたどる道筋のことです。今日では、就職、結婚、出産などをどのように選択していくかによって、多様なキャリア、ライフコースの選択肢があります。たとえば、①結婚し子どもをもち、結婚あるいは出産の機会に退職しその後は仕事をもたない（専業主婦／主夫コース）、②結婚し子どもをもつが結婚あるいは出産の機会にいったん退職し、子育て後に再び

仕事をもつ（再就職コース）、③結婚し子どもをもつが仕事も一生続ける（両立コース）、④結婚するが子どもはもたず仕事を一生続ける（Double Income No Kids: DINKS コース）、⑤結婚せず仕事を一生続ける（非婚就業コース）などです。キャリアやライフコースを考えることは、長きにわたる成人期においてどのように役割（職業人、親、配偶者、余暇、市民など）を組み合わせながら、人生に主体的に関与していくかを考えることともいえます。

　先に述べたように、現代は成人期のありようが多様化し、生き方の選択肢の多い時代です。また、前節で述べた発達論に示されるように、加齢に伴うさまざまな心理的な変化の過程があり、発達の段階によって心理的な課題も異なります。長い生涯を見通しながら、職業を含むさまざまな役割をどのように組み合わせて関わっていくか、考えることが重要です。

2. 結婚と家族形成

　先に述べたエリクソンの生涯発達理論の成人期の課題である「親密性 vs 孤立」、「世代性 vs 停滞」は、結婚や家族形成とも関連しています。

　最近の長寿高齢化により、子どもの自立後、夫婦 2 人で過ごす期間が長期化していること、また、先に述べたように子どもをもたない DINKS コースが選択肢の 1 つになっていることを考えると、結婚後の夫婦関係はより重要なものになっているともいえます。一方、2019 年の内閣府の「少子化社会対策白書」によれば、生涯未婚率（50 歳の時点で一度も結婚したことがない人の割合として推計）は男性 23.4％、女性 14.1％となっています。1970 年の男性 1.7％、女性 3.3％と比較すると、著しく非婚化が進んでおり、結婚そのものが成人期における重要な選択肢の 1 つとなっていることがわかります。

　加えてここからは、親になることについて考えてみましょう。先に述べたように、以前の心理学では、親は子どもの発達やさまざまな問題に責任をもつ存在として扱われており、父親や母親は子どもにとって重要な環境要因としてのみ研究の対象とされてきました。しかしながら、「育児」は「育自」ともいうように、子どもを育てることで自分も人間的に成長したという話を聞くことは決して珍しくありません。

心理学者のフェルッチ（Ferrucci, 1999）は、父親としての経験を以下のように記しています。

　　ぼくも子どもたちから、しぼられ、なぶられ，コケにされて傷ついた。子どもはまったく容赦しない。悪魔のような直観で、ぼくがいちばん隠しておきたい弱点を明るみに出す。そういったプロセスのひとつひとつがぼくを変えた。なんらかの痛みや苦しみを負わせながら、ぼくを別人にした。…子どもたちのそばにいると、刺激されてぼくらも変わる。いっしょに暮らしていると、ぼくらが成長できるのだ。

　フェルッチが述べるように、子どもとのかかわりは思い通りにならないことが多く、時には、**育児ストレス**（parenting stress）、すなわち、子どもの成長についての不安や社会からの疎外感や焦燥感などを経験することもあります。親も子どもを中心とした新しい生活や状況に適応し、子どもの成長に合わせて役割を獲得していく必要があるのです。

　子どもを育てることは、具体的に親にどのような心の発達をもたらすので

表 12-1　**親となることによる人格発達** （柏木・若松（1994）をもとに作成）

柔軟性	考え方が柔軟になった
	他人に対して寛大になった
	いろいろな角度から物事をみるようになった
自己制御	他人の迷惑にならないように心がけるようになった
	自分の欲しいものなどを我慢できるようになった
	自分の分をわきまえるようになった
視野の広がり	環境問題（大気汚染・食品公害）に関心が増した
	児童福祉や教育問題に関心をもつようになった
	日本や世界の将来について関心が増した
運命と信仰の受容	人間の力を超えたものがあることを信じるようになった
	信仰や宗教が身近になった
	物事を運命だと受け入れるようになった
生きがい	生きている張りが増した
	自分がなくてはならない存在だと思うようになった
自己の強さ	多少他の人と摩擦があっても自分の主張は通すようになった
	自分の立場や考えはちゃんと主張しなければと思うようになった

しょうか。柏木・若松（1994）による先駆的な研究では、幼児の親が「どのように（子どもをもつ前と比べて）成長したと感じているか」を調査しました（第3章参照）。表12-2を見てください。親になったことにより、父親や母親自身が複数の次元において成長したと感じていることがわかります。たとえば、親たちは自分の思い通りにならず、時には自分の理解を超えた子どもという存在と関わることにより、思考が柔軟になります。自分をかけがえのない存在と感じるようになります。また、自分を抑制することと同時に、必要な時には妥協しないような強さを身につけます。このように、子どもを育てるということは親としての発達ももたらすということです。

　重要なことは、この研究において明らかになった成長の内容が、親としての領域にとどまらず、人間として、あるいは成人としての成熟の方向を示していることです。もちろん、先に述べたエリクソンの生涯発達論における「世代性」の発達も、親となることと深く関わっています。子どもを育てることを通じて発達する世代性は、その後、子どもへの関心を超えて、次の世代やより広い社会へと広がり、成熟していくと考えられています。

3. 人生半ばを超える心理

　冒頭の QUIZ に戻ってみましょう。孔子は「四十にして惑わず」と述べました。40歳というと人生の折り返しの頃です。40歳になると本当に惑わず、人生は安泰なのでしょうか。

　いいえ、おそらくそうではありません。近年、人生のなかで40代は心理的にも身体的にも社会的にも危機を経験しやすい時期であることがわかってきています。図12-4 は、**人生半ばの危機**（= 中年期危機：midlife crisis）、すなわち、40代に体験しやすい変化と心理臨床的な問題をまとめたものです。岡本（2010）は、これらの心理的な危機は、男女、職業の有無や職種にかかわらず、多くの成人が経験すると指摘しています。

　中核的な問題となるのは心理的な変化で、自己の有限性の自覚です。人生を折り返す時期となり、死という人生の終末への思索が深まります。そして、30代の頃にはわかっていてもあまり実感が湧かなかったこと——自分の体力や能

力、働くことができる時間、家族と一緒に過ごすことができる時間が無限ではないこと——を実感するようになります。生物学（身体）的変化としては、体力の衰えを感じるようになり、老いを自覚します。家族における変化として、自立していく子どもとの関係や夫婦関係の見直しが必要となります。とくに、子どもが親離れを始めた後の母親の親役割を失うことから来るさまざまな心身の不調は**空の巣症候群**（empty nest syndrome）と呼ばれます。また、老いた親の介護のために、さまざまな調整を行うこともあります。さらに職業における変化としては、仕事上の限界感を認識することが多いと指摘されています。先に述べたように、レヴィンソンは40代の前半を「人生半ばの過渡期」として、人生におけるもっとも重要な転換期と考えました。その背景には、ここに述べたような複数の側面における心理的な危機が存在していると考えられます。

　しかしながら重要なことは、人生半ばにこのような心や身体のネガティブな変化を経験することが、それまでの生き方について主体的に考えて将来の生き方への模索を行い、納得のいく生き方をあらためて獲得する大きなきっかけになるということです。現代は、成人期から高齢期にかけての人生がとても長い

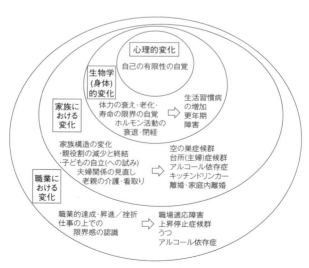

図 12-4　人生半ばの危機（岡本, 2010）

時代です。人生の半ばの時期にあらためてみずからに向きあい、再獲得した自分らしさや自分の生き方は、人生後半の発達を進めていく大きな力になると考えられます。

 ## 第4節 ま と め

　本章では、成人期に経験するさまざまな心の発達と心理的な危機について述べてきました。これらは、自分の生き方や自己のあり方を再評価する岐路として、一般的に多くの成人が経験するものです。しかしながら、このように危機を多く含んだ成人期は、生涯のなかでもとくに、深刻な心の問題を生じやすい時期です。成人の対人援助に携わる際には、現在の社会的な状況もふまえながら、成人の心の発達についての理解を深めていく必要があります。

（西田　裕紀子）

ANSWER：かつては、成人期のなかでも30代後半から40代の時期は、家族形成が落ち着き、仕事も軌道に乗り、おとなの分別も備えた安定期であり人生の黄金期であると考えられていました。しかしながら本章で述べてきたように、現在の40代は、生涯にわたる心の発達プロセスにおいて心理的にも身体的にも社会的にも危機を経験しやすい時期であることがわかっています。

　成人期以降の人生が長い現代は、「四十にして惑わず」という時代ではありません。誰もが経験しうる人生半ばの危機を重要な転機とし、その後の人生につなげていくことが重要といえそうです。

＊さらなる学び：
①成人期の重要な課題であるワークライフバランス（仕事と生活の調和）について調べましょう。
②平均初婚年齢の推移について調べ、その背景にある時代的特徴について考察してみましょう。

【引 用 文 献】

Berk, L. E.（2010）. *Development through the Lifespan*（5th Edition）. New York: Pearson.

Erikson, E. H.（1950）. *Childhood and society.* New York: Norton.（エリクソン, E. H. 仁科弥生（訳）（1977）. 幼児期と社会 1　みすず書房）

Erikson, E. H. & Erikson, J. M.（1997）. *The life cycle completed: Extended version.* New York: Norton.（村瀬孝雄・近藤邦夫（訳）（2001）. ライフサイクル その完結　増補版　みすず書房）

Ferrucci, P.（1999）. I bambini ci insegnano. Milano: Mondadori.（フエルッチ, P. 泉 典子（訳）（1999）. 子どもという哲学者 草思社）

Havighurst, R. J.（1972）. *Developmental task and education*（Third edition）. New York: Longman.（ハヴィガースト, R. J. 児玉憲典・飯塚裕子（訳）（1997）. ハヴィガーストの発達課題と教育　川島書店）

Herzberg, F.（1966）. Work and the nature of man. World Publishing.（ハーズバーグ, F. 北野利信（訳）（1968）. 仕事と人間性──衛生理論の新展開──　東洋経済新報社）

柏木惠子・若松素子（1994）.「親」となることによる人格発達──生涯発達的視点から親を研究する試み──　発達心理学研究, *5*, 72-83.

Levinson, D. J.（1978）. *The seasons of a man's life.* New York: Alfred A. Knopf.（レビンソン, D. J. 南博文（訳）（1992）. ライフサイクルの心理学　講談社学術文庫）

Levinson, D. J.（1996）. *The seasons of a woman's life.* New York: Alfred A. Knopf.

Meyer, J. P., Allen, N. J., & Smith, C. A.（1993）. Commitment to organizations and occupations: Extension and test of a three-component conceptualization. *Journal of Applied Psychology, 78*, 538–551.

内閣府 .（2019）. 少子化社会対策白書（2020 年 2 月 28 日現在）. 〈https://www8.cao.go.jp/shoushi/shoushika/whitepaper/measures/w-2019/r01webhonpen/index.html〉

岡本祐子編著（2010）. 成人発達臨床心理学ハンドブック　ナカニシヤ出版

高齢期の発達 13
～喪失に適応することを通した発達～

QUIZ：現在の日本には、80歳を超えて長生きする人がたくさんいます。では、昔の日本人はどのくらい長生きだったでしょうか。答えは本文中にあります。

 第1節　わが国における高齢化の歴史と現状

1. 古代の日本人はどのくらい長寿だったのか

　厚生労働省（2020）によれば、現代日本人の**平均寿命**は、男性が81.41歳、女性が87.45歳です。しかし、現代のように平均寿命が80歳以上になったのは、20世紀になってからのことです。19世紀頃までは、ほとんどの国で平均寿命は40歳〜50歳の間でした（伊藤, 1990）。平均寿命とは、0歳の人が平均してどのくらい生きるかを計算した値ですから、平均寿命の低さは、多くの人が子どもの頃に亡くなっていたことを示しています。

　それでも、死亡率の高い子どもの時期を生き残り、高齢者になるまで生きた人が少なからずいました。現存するわが国最古の戸籍（御野国加毛郡半布里（ハニフのサト）のもの）には、秦人古都（はたひとのこつ）という86歳の男性が生きていたことが記されています（吉川, 2011）。

2. 現代における高齢化の現状と高齢期の発達を考える意味

　2019年10月1日現在で、わが国の高齢化率（人口全体に占める65歳以上の人数の割合）は28.4%で、実に日本人の4人に1人が65歳以上です（内閣府, 2020）。そして、人が平均してどのくらい生きられるかを年齢ごとに示したものを**平均余命**といいますが、65歳の平均余命は男性が19.83歳、女性が24.63歳です（厚生労働省, 2020）。65歳になっても、平均して約20年の人生を生きることになります。こうした余命の延長によって、平均して何年間、活動的な状態あるいは自立した生活を維持できるかを示す**健康寿命**を延ばすことも重視されてきています。

多くの人が健康で長生きするようになった時代だからこそ「高齢者にとって何が良い人生なのか」といった「高齢期の発達」が発達心理学の１つのテーマになっているのではないでしょうか。

 ## 第２節　高齢期における発達とは何か？

1. 高齢期における４つの喪失

発達というと、私たちは「何かをできるようになること」、つまり「獲得」を思い浮かべるのではないでしょうか。たとえば、「赤ちゃんがハイハイから自分の足で歩けるようになる（身体機能の発達）」といったことです。しかし、高齢期は以下にあげるような４つの**喪失**に直面する「喪失の時期」であると整理することができます（井上, 2007）。

第１は心身の喪失です。心身の喪失のような**加齢による心身機能の低下**は加齢に伴う生理的機能の低下、それに伴い病気になりやすくなること、運動や栄養の不足によって引き起こされています（権藤, 2016）。このような加齢のメカニズムのうち、心身機能の低下の代表例は、**日常生活動作**（Activities of Daily Living: ADL、p.101 参照）や手段的 ADL の低下です。前者は立ち上がったり、歩行したりという日常生活に必要な動作のことで、後者はバスや電車などの交通手段を使って外出したりする行動のことです。認知機能の低下も心身の喪失の１つとしてとらえることができるでしょう。ただし、認知機能に関しては、これまでの経験や知識を反映する**結晶性知能**と新しい環境や未経験の課題に柔軟に適応する問題解決能力である**流動的知能**に分類され、加齢による低下が起きやすいのは流動性知能の方だといわれています（p.80・81 参照）。結晶性知能は 80 代という高齢になっても大きな低下を示すことはなく、顕著な低下は 100 歳頃に起きることが示されています（稲垣・権藤, 2003）。

第２は経済的基盤の喪失です。これは定年退職などで定期的な就労収入が減少し、年金収入により生計を立てていくようになる変化を意味しています。

第３は社会的つながりの喪失です。これには定年退職など役割の変化や死別体験による他者とのつながりの喪失があります。なかでも配偶者との死別体験

など親しい人を亡くすことは、**悲嘆**につながることがあります。平井（2016）によれば、悲嘆の反応は①身体症状（例：睡眠障害）、②情緒的反応（例：悲しみ、抑うつ）、③認知的反応（例：幻覚）、④行動的反応（例：飲酒量の増加）の4つの側面に分類されます。ちなみに死別体験などの喪失を経験した人がたどる心理状態の変化のプロセスを**喪の作業**といいます。

　第4は生きる目的の喪失です。たとえば、定年退職して自分の生きる目的であった仕事を失ったり、健康状態が悪化して、好きな活動に取り組めなくなったりして、自分にとって「良い人生・生活」、つまり**ウェルビーイング**（well-being）とは何かがわからなくなることを意味します。生きる目的の喪失は、ADL の低下などの心身の喪失による外出の制限、そしてそれによって他者との交流がなくなるといった社会的つながりの喪失から引き起こされる場合があります。それゆえ、高齢期における喪失は、身体的、心理的、社会的、環境的側面において「より良く生きる」ことを示す**生活の質**（Quality of Life：以下QOL）を低下させる可能性もあるといえます。

　ちなみに、高齢者の QOL は図 13-1 のような4つの次元によって整理することができます（Lawton, 1991　三谷訳, 1998）。

　たとえば、身体が不自由でも、自分の人生に満足している人もいるでしょう。逆に、身体的には自立していても、日々の暮らしを楽しめずにいる人もいるでしょう。このように高齢者の QOL は、客観的条件と主観的評価の両面か

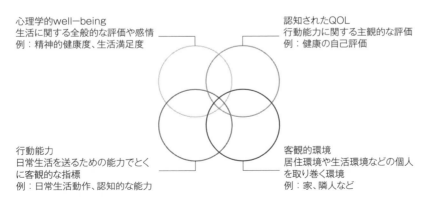

心理学的well－being
生活に関する全般的な評価や感情
例：精神的健康度、生活満足度

認知された QOL
行動能力に関する主観的な評価
例：健康の自己評価

行動能力
日常生活を送るための能力でとくに客観的な指標
例：日常生活動作、認知的な能力

客観的環境
居住環境や生活環境などの個人を取り巻く環境
例：家、隣人など

図 13-1　QOL の 4 つの次元（Lawton, 1991　三谷訳, 1998 をもとに作成）

ら考える必要があるといえます。

2. 喪失に適応することを通した発達

　生涯発達心理学者のバルテス（Baltes, P. B.）は、発達を「獲得と喪失のバランス」から整理しており、高齢期においては、とくに「喪失を制御」することの重要性を指摘しています（Baltes, 1997）。「喪失を制御する」という観点から高齢期の発達について理論化されたのが**補償を伴う選択的最適化**（Selection, Optimization, and Compensation：以下 SOC）です。SOC とは、喪失によって以前のように生活できなくなった状況に合わせて、高齢者がウェルビーイングを維持して発達していくための作戦を体系的に整理している理論といえます。SOC の構成要素を表 13-1 に整理します。

表 13-1　SOC の構成要素 （Baltes （1997） を参考に作成）

SOC の構成要素	具体例 健康状態が悪化して、60 年間続けてきたテニスができなくなった 80 歳の方
喪失に基づく目標選択 低下した身体機能で達成可能な目標に切り替えること。	テニスから得ていた楽しさや上達する達成感を感じ、**ウェルビーイング**を維持するために、ゲートボールやボランティアなど、身体機能が低下してもできる活動に切り替える。
資源の最適化 低下した体力や残り少ない時間などを効率よく分配すること。	運動をやりすぎると疲れてしまってかえって運動ができなくなってしまうということから運動する曜日を日曜日に限定する。
補償 外部の機器を頼ったり、自分で工夫したりして、身体機能の低下を補うこと。	運動を続けるために週に 1 回は整骨院に行ったり、普段から軽めの体操をしたりして身体のメンテナンスをしっかりと行う。

　以上のように老年期における発達とは、喪失を経験しながらも、生活のしかたや生き方を変えて、今まで得ていたウェルビーイングな状態を維持しようとすることだといえ、「喪失への適応」というあらたな獲得である見方もできます（大川 , 2011）。言い換えれば、老年期の発達課題の大きな要素は、**サクセスフルエイジング**を実現することであるといえるでしょう。

3. サクセスフルエイジングの理論

　サクセスフルエイジングとは、その言葉が示す通り、「望ましい老い」のことです。「望ましい老い」とは、以上でみてきたように「喪失に適応」し、ウェルビーイングを維持することであるといえるので、サクセスフルエイジングに関する理論は、ウェルビーイングを維持して、高齢者が発達していくために必要な要素を体系的にまとめている理論であるといえます。先ほど説明したSOC理論以外で主要なサクセスフルエイジングに関する理論を表13-2に整理します。

表13-2　サクセスフルエイジングに関する主要な理論 (Atchley (1989); Cumming & Henry (1961); Lemon, Bengston, & Peterson (1972) を参考に作成)

理論の名称と提唱者	喪失への適応に関する考え方
活動理論 (Activity Theory) Lemon, Bengston, & Peterson (1972)	ウェルビーイングを維持するためには、**活動持続**によって、社会的役割を担い、他者との関係を維持し、他者から肯定的な評価を得ることを通して、自分を肯定的に評価できることが必要。
離脱理論 (Disengagement Theory) Cumming & Henry (1961)	高齢期の喪失は避けられないことであり、それをなんとかしようとすると必要以上に衰えや役割のなさに気づいてしまうので、ウェルビーイングを維持するためには、社会と距離をおいて、**社会的に離脱**して生活する方がいい。
継続性理論 (Continuity Theory) Atchley (1989)	ウェルビーイングを維持するためには、技術、活動、環境、役割といった外的構造と性格、アイデンティティ、価値観、好みといった内的構造のようなこれまでの生活や行動のしかた方をなるべく継続させた方がいい。

　表13-2のうち活動理論と離脱理論は、主に社会的つながりの喪失への適応について説明している理論であるといえます。つまり、「社会的つながりの喪失」に際して、ウェルビーイングを維持するためには、社会的つながりを維持した方がいいか、そうでないかということです。

　高齢者の社会的つながりを**社会的ネットワーク**ということがあります。これを他者との親密さの観点からダーツの的のような円のなかで整理したのが、**コンボイモデル（ソーシャルコンボイ）**です（図13-2）。コンボイモデルでは、家族や親友、配偶者といった親密な他者ほど円の内側に入り、職場の友人、同僚、上司などは、外側の円に入ります。たとえば、活動理論では、コンボイは大き

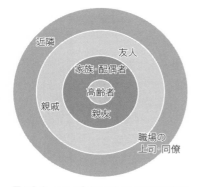

図13-2 コンボイモデルによる高齢者の社会関係（浅川（2003）をもとに作成）

い（社会的ネットワークが広い）方がウェルビーイングを維持しやすいことになります。

　ただし、社会的つながりを維持した方がいいかどうかは、高齢者がこれまで生きてきた人生のあり方とも関係するといえます。継続性理論は、社会的つながりを維持した方がいいかどうかは、高齢者個人の生き方と連続しているかどうかによると考えており、高齢者個人のこれまでの生き方を重視している理論であるといえます。

第3節　高齢者が発達する生活場面

1. 高齢者就労

　2019年のデータによると、わが国の一般的な定年退職年齢である60歳以降になっても、実に1,450万人の人が働いており、全労働者に占める割合は約21%にもなります（内閣府, 2020）。65歳から69歳まででみると、男性では58.9%、女性では38.6%の人が働いています（内閣府, 2020）。モーバラク（Mor-Barak, 1995）は、高齢者が働く意味には、社会的意味、個人的意味、経済的意味、世代性の意味の4つがあると主張しています。こうした高齢者の働く意味の一部は、高齢期に経験する社会的つながりや経済的基盤の喪失と共通しています。つまり、こうした喪失を経験するからこそ、高齢者は就労に先の4つのような意味を求めるのだといえます。

2. 社会的活動への参加（社会的参加）

　内閣府（2017）によると、2013年時点でなんらかの趣味や運動あるいはボランティアなどのグループ活動に取り組んでいると回答した高齢者は61.0%もおり、その人数は年々増加しています。社会的活動も高齢者の発達を支える重要な活動であるといえます。社会的活動への参加は他者との交流を伴う場合が多

いですし、活動的な生活スタイルを維持できるという意味では、**活動持続**を通してウェルビーイングを維持しようとする試みだといえます。実際に各種の社会的活動に取り組むことは高齢者のウェルビーイングの促進に役立つとされています。ただし、近年では、活動すること自体よりも高齢者が社会的活動に参加することの意味を重視する必要があるという指摘もあります（Adams, Leibbrandt, & Moon , 2011）。

3. 介護サービスの利用

2020 年 8 月末時点で、**介護**が必要と認定された高齢者は 674 万 1 千人で、65 歳以上人口の約 2 割を占めています（厚生労働省 , 2020）。介護が必要な方の状態はさまざまですから、一括りに介護サービスを利用している高齢者の発達を考えることは難しいかもしれません。ここでは認知症を取り上げて、介護サービスを利用する人の発達を考えてみたいと思います。

認知症（dementia）は、記憶の障害を中核として、それによって引き起こされる行動・心理上のさまざまな症状からなる疾患と整理することができます。表 13-3 のように認知症はいくつかの病態に分類することができます。それぞれの症状は多少異なりますが、記憶の障害を中核として、さまざまな行動・心

表 13-3　主な認知症と特徴的な症状 （須貝 (2004) をもとに作成）

病気の名称	原因	特徴的な症状
アルツハイマー型認知症	異常なたんぱく質や変性した神経線維の束が脳のなかに蓄積することで正常な神経細胞が死滅して脳が萎縮して起きる。	もの忘れから始まり、計算をしたり、字を書いたり判断するといった知的能力に障害が及ぶ。徘徊や「お金を盗られた」などの被害妄想や幻覚もみられる。病気が進行すると、言葉が出なくなり、7～8 年で寝たきりに近い状態になる。
血管性認知症	脳梗塞や脳出血によって、脳のなかの神経細胞や神経線維が破壊されて起こる。	症状はアルツハイマー型とほぼ同様であるが、初期には意欲の低下や不眠があり、感情の変化が激しいなどの特徴がある。手足のしびれや身体のまひなどの症状ののち、比較的急激に症状が出る。
レビー小体型認知症	脳のなかにレビー小体という異常な細胞が蓄積し、神経細胞が死滅することで起こる。	身体の動きが鈍くなるパーキンソン症状、はっきりとした幻視・幻聴、尿失禁などが特徴的な症状。アルツハイマー型を併せもっている場合もある。

行動・心理症状
（BPSD）

幻覚・妄想・徘徊・異食・攻撃行動・危険行為・不潔
行為・不穏な状態・性的逸脱行為・介護抵抗

中核症状
記憶障害
見当識障害
判断力の障害

不安・焦燥感・ストレス・被害感等

図 13-3　認知症における中核症状と行動・心理症状の関係（加藤・矢吹（2012）をもとに作成）

理上の症状が出てくることは共通しているといえます。

記憶の障害には、もの忘れや見当識障害、判断力の障害などがあり、これらは中核症状と呼ばれます。たとえば、「どこにいるかわからなくなってしまい外出したきり帰れなくなる」といったことがあげられます。一方、行動・心理上の症状には、妄想、幻覚、不潔な行為といったものがあり、これらは BPSD（Behavioral and Psychological Symptoms of Dementia）と呼ばれることもあります。たとえば、「排泄に失敗してしまい、排泄物や汚れた衣類を隠す」といった行為があげられます。

図 13-3 のように BPSD は中核症状に加えて高齢者が感じるストレスや不安感などさまざまな要因によって引き起こされます（加藤・矢吹, 2012）。排泄に失敗してしまい排泄物や汚れた衣類を隠すのは、適切な処理のしかたがわからないことに加えて、誰かに責められるといった不安や失敗してしまったという恥ずかしさがあるからかもしれません。

では、認知症の方の発達を支援するためにはどのように対応したらいいでしょうか。認知症による喪失は、「自分の力だけでは対処するのが難しい」喪失であるといえます。たとえば、「徘徊」という行動には、「自分がどこにいるかわからないことはわかっているが、自分ではどうしたらいいかわからない」という特徴があるといえます。「自分ではどうしたらいいかわからない」からこそ、認知症の方が自分らしい生活を送れるよう、適切な支援をする必要があります。ですから、認知症の方と関わる対人援助職は、その方が示す行動から、本人の内的世界を理解したり、家族などその方が人生をともにしてきた方から聞き取りを行い、その方のこれまでの生活スタイルなどの人生の連続性を維持できるような支援をする必要があるといえます。それこそが認知症の方の

喪失への適応、つまり発達を支援するということになるでしょう。

 第4節　まとめ：高齢者個人の視点を重視することの重要性

　認知症ケアにおいては本人の内的世界を理解することが重要であることを先に述べました。しかし、これはなにも認知症に限ったことではなく、高齢者就労や社会的活動においても高齢者個人の視点を重視することは必要不可欠です。ある特定の生活を送ることを望ましい状態として考えるのではなく、多様な生活のなかで高齢者は発達していくことができるという視点をもちたいものです。

（堀口　康太）

＊さらなる学び：

①本文中で紹介したサクセスフルエイジングに関する理論以外にも、社会情緒的選択理論や老年的超越といった考え方があります。これらがどんな理論なのか調べてみましょう。

②高齢者個人の視点をとらえる1つの方法として、就労、社会的活動、介護サービスなどさまざまな活動に取り組む理由や意味に着目するアプローチがあります。高齢者がそれぞれの活動に取り組む理由や意味にはどんなものがあるか調べてみましょう。

【引 用 文 献】

Adams, K. B., Leibbrandt, S., & Moon, H. (2011). A critical review of the literature on social and leisure activity and wellbeing in later life. *Ageing and Society, 31,* 683-712.

Atchley, R. C. (1989). A continuity theory of normal aging. *Gerontologist, 29,* 183-190.

浅川達人 (2003). 高齢期の人間関係　古谷野亘・安藤孝敏（編著）　新社会老年学：シニアライフのゆくえ（pp.109-140）　ワールドプランニング

Baltes, P. B. (1997). On the incomplete architecture of human ontology: Selection, optimization, and compensation as foundation of developmental theory. *American*

Psychologist, 52, 366-380.

Cohen, S. Underwood, L. G., & Gottlieb, B. H.（2000）. *Social Support Measurement and Intervention*. UK: Ox-ford University Press.（コーエン，S・アンダーウッド，L.G., & ゴットリブ,B. H. 小杉正太郎・島津美由紀・大塚泰正・鈴木綾子（監訳）(2005). ソーシャルサポートの測定と介入　川島書店）

Cumming, E., & Henry, W. E.（1961）. *Growing old: The process of disengagement*. New York: Basic Books.

平井啓（2016）. 悲嘆と悲嘆からの回復　佐藤眞一・権藤恭之（編著）　よくわかる高齢者心理学（pp.162-163）　ミネルヴァ書房

稲垣宏樹・権藤恭之（2003）. 百寿者のバイオメカニズム――機能的側面とサクセスフルエイジング――　バイオメカニズム学会誌 , *27*, 18-22.

加藤伸司・矢吹知之（2012）. 家族が高齢者虐待をしてしまうとき　ワールドプランニング

厚生労働省（2020）. 介護保険事業状況報告（暫定）令和 2 年 8 月分（Retrieved from https://www.mhlw.go.jp/topics/kaigo/osirase/jigyo/m20/dl/2008a.pdf　2020 年 11 月 26 日）

厚生労働省（2020）. 令和元年簡易生命表（Retrieved from http://www.mhlw.go.jp/toukei/saikin/hw/life/life19/dl/life19-15.pdf　2020 年 11 月 26 日）

権藤恭之（2016）. 生物の老化　佐藤眞一・権藤恭之（編著）　よくわかる高齢者心理学（pp.2-4）　ミネルヴァ書房

井上勝也（2007）.「老年期と生きがい」の考察　生きがい研究, *13*, 4-15.

伊藤達也（1990）. 古代から現代そして将来の老年人口　利谷信義・大藤修・清水浩昭（編）シリーズ家族史⑤　比較家族史学会監修　老いの比較家族史（pp.15-34）三省堂

Lawton, M. P.（1991）. A multidimensional view of quality of life in frail elders. In J. E. Birren, J. E. Lubben, J. C. Rowe, & D. E. Deutchman（Eds.）, *The concept and measurement of quality of life in the frail elderly*（pp. 4-25）. San Diego: Academic Press, Inc.（ロートン，M. P.　三谷嘉明（訳）(1998). 虚弱な高齢者の QOL の多次元的な見方 三谷嘉明他（訳）虚弱な高齢者の QOL――その概念と測定――（pp.3-33）医歯薬出版

Lemon, B. W., Bengston, V. L., & Peterson, J. A.（1972）. An exploration of the activity theory of aging: Activity types and life satisfaction among in-movers to a retirement community. *Journal of Gerontology, 27*, 511-523.

増本康平（2016）. 社会情緒的選択理論　佐藤眞一・権藤恭之（編著）　よくわかる高齢者心理学（pp.38-39）　ミネルヴァ書房

Mor-Barak, M. E.（1995）. The meaning of work for older adults seeking employment: The generativity factor. *International Journal of Aging and Human Development, 41*, 325-

344.

内閣府（2017）．平成 29 年版高齢社会白書（Retrieved from http://www8.cao.go.jp/kourei/whitepaper/w-2017/zenbun/29pdf_index.html　2020 年 11 月 26 日）

内閣府（2020）．令和 2 年版高齢社会白書（Retrieved from https://www8.cao.go.jp/kourei/whitepaper/w-2020/zenbun/02pdf_index.html　2020 年 11 月 26 日）

大川一郎（2011）．中年期〜老年期の発達的意味──生涯発達的視点を中心に──　大川一郎・土田宣明・宇都宮博・日下菜穂子・奥村由美子（編）エピソードでつかむ老年心理学（pp.2-5）ミネルヴァ書房

須貝佑一（2004）．認知症の医学的特徴．認知症ケア学会（編）　認知症ケア標準テキスト　認知症ケアの基礎（pp.37-56）　ワールドプランニング

豊島彩（2013）．孤独感のエイジングパラドクスと社会関係の変化への適応に関する考察 生老病死の行動科学, *20*, 13-23.

吉川真二（2011）．シリーズ日本古代史 3　飛鳥の都　岩波新書

【コラム7】発達心理学と対人援助職（医療領域）

　医療領域における心理職の仕事についてですが、病院とクリニックではその規模の違いから1日の仕事の流れは多少違います。病院では朝の仕事はじめにミーティング（申し送り）を行い、患者さんの夜間の様子などを日勤帯の医療職で共有し、その日の治療、看護ケア、および心理的支援を検討します。たとえば、夜間眠れないという患者さんの訴えが確認されれば、医師は睡眠薬を処方し、看護師は身体のリラックスのためのケア（寝具の工夫や入浴）を、心理職はリラクセーション法などを行うという方針が立てられます。その後は、医師は検査の指示や診察を、看護師は各種看護ケアを、心理職は医師のオーダーに基づいて、心理検査、集団療法、個人面接などを行います。午後には症例検討会などが開催されたりします。クリニックの場合は外来診療のみなので、院長の方針で診療が組まれていることがほとんどで、医療職が集まってのミーティングや勉強会は、あっても比較的少ないといえます。

　ここで心理職の典型的な仕事を説明しましょう。通常毎日初診枠が設けられているので、心理職が予診シートに基づいてインテーク面接（予診）を行います。そこでは、主訴に始まり、生育歴（生活史）、家族歴、現病歴などが心理職の立場から情報収集されます。それらを参考に初診当番医が患者の診察に入ります。異なる職種の医師によって、心理職が収集できなかった情報が明確になったりします。限られた時間内にインテーク面接を終えることにはある程度の熟練が求められますが、自身の見立てが医師によってどのように診断され、また最初の段階での処方薬が何かがわかるので、腕試しのような機会にもなり、自分の心理職としての成長や不足を知ることができます。

　生育歴を聴取する際には、発達心理学を学んできた心理職が他職種に対して有意義な情報提供者になります。どんな育ち方をしたのか、発達上の遅れや問題はあったのか、家族や友人との対人関係はどうであったのか、そうしたことがらの背景にあったものがどのように影響したのか、家族や学校の先生の問題への見方やかかわり方はどうであったかなど、コミュニケーションのプロとしても力量が問われます。心理検査は心理職の武器であって、結果を適切に解釈する能力が求められ、深層心理の理解や鑑別診断に貢献できます。集団療法は多職種が参加する治療場面なので、患者さんを多面的にとらえる良い機会となります。個人面接はさまざまな専門的技法を用いた心理療法です。

（山崎　久美子）

【キーワード解説】

　＊ここでは「令和元年版　公認心理師試験出題基準」の大項目12「発達」のうち、本文中に登場しない語句について説明します。

アタッチメント障害（attachment disorder）（第6章）

　不快や苦痛の感情をもった時に安心感を求めて特定の誰かのそばに行くという傾向であるアタッチメントはすべての人にみられる傾向であると考えられていますが、長期にわたってネグレクトなどの虐待や育児放棄を受けた場合には、アタッチメントが機能しなくなってしまうことがあります。こうした状態をアタッチメント障害といいます。アタッチメント障害には反応性アタッチメント障害と脱抑制型対人交流障害の2つがあります。反応性アタッチメント障害は感情表現や感情交流が少ないことや他の人を頼りにすることができないなどの特徴がみられ、脱抑制型対人交流障害は見知らぬ人にも警戒心なく近づき、過剰に接してしまう行動やおとなの注意をひこうとするなどの特徴がみられます。

エイジング・パラドックス（第13章）

　喪失の多い老年期にもかかわらず、高齢者が高い心理的幸福感を維持しており、若い世代と比較しても高いという現象のことです（増本, 2016）。

実行機能（executive function）（第6章）

　実行機能とは目標に到達するために自分の考えや行動、感情の制御を行う認知機能の総称であり、脳の前頭葉にその基盤をもつとされています。すなわち、認知的・生理的側面から感情制御や行動制御を含む自己制御をとらえるための概念です。また、これはエフォートフル・コントロールと似た概念であることが指摘されています。実行機能が発達することによって、子どもたちは自分の心をコントロールできるようになると考えられています。

社会的（ソーシャル）サポート（第13章）

　社会的つながりについて、他者からの支援の状況に着目したもので、提供（与える）と受領（受ける）の2側面からとらえることができます。一般的にソーシャルサ

ポートは手段的サポート、情緒的サポート、情報的サポート、コンパニオンシップ
サポートに分類できます（Cohen, Underwood, & Gottlieb, 2000 ; 小杉・島津・大塚・鈴木
訳 , 2005）。

ストレンジ・シチュエーション法（strange situation procedure）（第 6 章）

　乳幼児期のアタッチメントの個人差（アタッチメント・パターン）を測定するためにエ
インスワース（Ainsworth, M. D. S）が開発した方法です。養育者との分離―再会場面
における子どもの反応によって、子どものアタッチメント・パターンを安定型（分離
場面で苦痛を示すが、再会場面で落ち着きをみせる）・回避型（分離に際して苦痛を示さない）・ア
ンビバレント型（再会場面で落ち着かない）に分類します。また、再会場面において養育
者に近づきつつ離れるという矛盾した行動をみせるものは、無秩序／無方向型に分
類されます。こうして分類されたアタッチメント・パターンはその後の社会的な発
達を予測する重要な要因の 1 つであることが研究によって明らかにされています。

独居・孤独（第 13 章）

　2020 年の時点で 65 歳以上の人がいる世帯のうち 27.4%（683 万世帯）が単独世帯
（独居）です（内閣府 , 2020）。こうした単身世帯の増加は、孤独死の増加につながるも
のです。ただし、独居高齢者がすべて孤独感を感じているわけではないことには注
意が必要です（豊島 , 2013）。

事項索引

＊★印は「令和元年版　公認心理師試験出題基準」のうち、大項目12「発達」の部分に記載されているキーワードです。★印のないものでも、公認心理師試験出題基準のその他の項目に含まれている語句があります。

人 名 索 引

執筆者紹介

渡辺　弥生（わたなべ　やよい）（監修、はじめに）法政大学教授、法政大学大学院ライフスキル教育研究所所長

藤枝　静暁（ふじえだ　しずあき）（編者、第1章第1・3節、第10章第1・2・4節）埼玉学園大学大学院心理学研究科教授

藤原　健志（ふじわら　たけし）（編者、第7章）新潟県立大学人間生活学部子ども学科講師

（執筆順）

杉山　雅宏（すぎやま　まさひろ）（第1章第2節）埼玉学園大学大学院心理学研究科教授

永井　智（ながい　さとる）（第2章）立正大学心理学部教授

本田　泰代（ほんだ　やすよ）（第3章第1節、第2節1・2）函館大学ピア・サポートセンター、臨床心理士・公認心理師

本田　真大（ほんだ　まさひろ）（第3章第2節3、第3・4節）北海道教育大学函館校准教授

尾花　真梨子（おばな　まりこ）（第4章）江戸川大学社会学部人間心理学科講師

臼倉　瞳（うすくら　ひとみ）（第5章）東北大学災害科学国際研究所助教

村上　達也（むらかみ　たつや）（第6章）高知工科大学共通教育教室准教授

大対　香奈子（おおつい　かなこ）（第8章）近畿大学総合社会学部准教授

増南　太志（ますなみ　たいじ）（第9章）埼玉学園大学人間学部子ども発達学科准教授

宇井　美代子（うい　みよこ）（第10章第3節）玉川大学リベラルアーツ学部教授

池田　幸恭（いけだ　ゆきたか）（第11章）和洋女子大学人文学部心理学科准教授

西田　裕紀子（にした　ゆきこ）（第12章）国立長寿医療研究センター老年学・社会科学研究センター室長、公認心理師

堀口　康太（ほりぐち　こうた）（第13章）白百合女子大学人間総合学部発達心理学科講師

佐藤　友理恵（さとう　ゆりえ）（コラム1）埼玉学園大学大学院修士課程

濱野　公子（はまの　きみこ）（コラム2）東京家庭裁判所

和気　淑江（わき　よしえ）（コラム3）境町保健センター、公認心理師、臨床心理士

山本　耕太（やまもと　こうた）（コラム4）新宿区教育相談室、臨床心理士

菅家　美緒（かんけ　みお）（コラム5）さいたま市特別支援教育相談センターひまわり、臨床心理士・公認心理師

池上　陽子（いけがみ　ようこ）（コラム6）広尾学園中学・高等学校、臨床心理士、公認心理師

山崎　久美子（やまざき　くみこ）（コラム7）防衛医科大学校医学教育部准教授

【監修者紹介】

渡辺　弥生（わたなべ　やよい）

法政大学教授　法政大学大学院ライフスキル教育研究所所長　教育学博士　学校心理士　臨床発達心理士

主著：『10代を育てるソーシャルスキル教育』（共編著　北樹出版）、『必携：生徒指導と教育相談（共編著　北樹出版）』、『子どもの「10歳の壁」とは何か？　乗り越えるための発達心理学』（光文社）、『感情の正体　発達心理学で気持ちをマネジメントする』（筑摩書房）

＊発達は「今ここに」生きることの積み重ねです。いつ求められても心に刺さる援助のあり方を学びましょう。

【編著者紹介】

藤枝　静暁（ふじえだ　しずあき）

埼玉学園大学教授　博士（心理学）　公認心理師　臨床心理士　学校心理士　ガイダンスカウンセラー

主著：『イラスト版　子どものモラルスキル　言葉・表情・行動で身につく道徳』（共著　合同出版）『小学生のためのソーシャルスキル・トレーニング　スマホ時代に必要な人間関係の技術』（共編著　明治図書）、『「使える」教育心理学　第4版』（分担執筆　北樹出版）、『ここだけは押さえたい　学校臨床心理学　改訂版』（分担執筆　文化書房博文社）

＊人生100年時代、お互いに助け合い、自分の人生も他者の人生も愛と幸せと笑顔でいっぱいにしましょう！

藤原　健志（ふじわら　たけし）

新潟県立大学人間生活学部子ども学科講師　博士（心理学）　公認心理師　臨床心理士

主著：「*The helping relationship: Process and skills*（対人援助のプロセスとスキル）」（共訳　金子書房）、「心理学検定　公式問題集」（分担執筆　実務教育出版）「学校現場に役立つ教育相談―教師をめざす人のために」（分担執筆　北大路書房）

＊これまでの人生を復習し、これからやってくる人生を予習する、そんな発達心理学の面白さを、本書でぜひ体験してください。

対人援助職のための発達心理学

2021年3月31日　初版第1刷発行

監　修　渡辺　弥生

編　著　藤枝　静暁
　　　　藤原　健志

発行者　木村　慎也

印刷・製本　モリモト印刷

発行所　株式会社　北樹出版

〒153-0061　東京都目黒区中目黒1-2-6
URL：http://www.hokuju.jp

電話03-3715-1525　FAX03-5720-1488